叢書・ウニベルシタス　1048

翻訳そして／あるいはパフォーマティヴ

脱構築をめぐる対話

ジャック・デリダ 著／豊崎光一 著・訳
守中高明 監修

法政大学出版局

翻訳そして／あるいはパフォーマティヴ――脱構築をめぐる対話　目次

凡例

一、本書は、ジャック・デリダと豊崎光一が行なった二つの対話（初出＝『海』一九八一年三月号〔中央公論社〕、同誌一九八四年二月号）を、両氏それぞれの著作権継承者の了解を得て、書籍化したものである。

二、書籍化にあたっては、対話本文、章題、註、および（　）〔　〕等の表記のすべてを初出時のままとし、変更は一切加えていない。ただし、初出時の状況から変化した書誌情報等についてのみ、＊を付して各章の末尾に監修者註として追加した。また、明らかに誤植と思われる箇所も適宜修正した。

三、本書のタイトルは、一冊にまとめるにあたり、監修者がつけたものである。

四、初出時には、第二回目の対話中にヴァレリオ・アダミの絵が四点挿入されていたが、本書では割愛した。

1　誘惑としてのエクリチュール——絵葉書、翻訳、哲学

豊崎――ジャック・デリダ、まず始めに（括弧に入れて言うと、始まりというのはあなたにおいてつねに困難な問題だった、始まりはつねに不在な何か、極めて問題を孕んだ何かなのですが）――とにかく始めに、私は二つのことを言っておきたいと思います――

まず、インタヴュー、ないし対談というものはいつでも、またどこでも構わぬ場所（lieu）で行なわれる（avoir lieu）わけではない。そしてこのインタヴューないし対談はまず最初七月末にスリジー・ラ・サルで、《人間の諸終末＝目的《ファン》――ジャック・デリダの仕事から出発して》という合宿討論会《コロック》を背景にして行なわれるはずだった、ところが、私の個人的事情でそれができなくなったのでした。そういうわけで、ノルマンディー地方の田園で夏に――まあ、あまり暑くない夏ではありましたが……――行なわれる代りに（au lieu de）、この対談はエコール・ノルマル・シュペリユール〔高等師範学校〕、これはノルマンディー地方に比べたらいささか抽象的な場所なのですが、そこで、数日来めっきり寒くなってきたこの十一月の始めに、行なわれようとしているというわけです。

スリジー、私はあそこを十日間《デカード》の会期の半ばあたりで立ち去らなければならなかったのですが、スリジーでなら、全体の雰囲気、あなたという人間およびあなたの仕事に集中された雰囲気を私が利用できたであろうことは確かです。しかしあれ以来事情は変ってしまったわけで、私たちが持とうとしているのは必ずや別の種類の対談になるでしょう。

私が言いたかった第二のことというのは、まさしくこの対談ないしインタヴューという形式についてなので、これは会話のたいへん特殊な一形式ですが、同じことは座談会についても言えます。実は私の国では――おそらくここでもだいたい似たようなものだと思いますが――、対談とか座談会のときに言ったことに、校正ゲラで好きなことを付け加えたり削ったりする形であとから手を入れるのはごく普通のことで、極端な場合、それは話し言葉《パロール》と書き言葉《エクリチュール》の混合物《アマルガム》になってしまう、そしてこの書き言葉は話し言葉に偽装されているというわけです。個人的には、私は今までいつもこの慣習に居心地の悪い思いをしてきました。ですから私はここですでに、これから言うことを何ひとつ変えないと、それがためにもたらされるかも知れないあらゆる不都合を覚悟の上で約束（m'engage——自己拘束）します。まあ、どうしても何か変えなければいけないと思うことでもあれば、それがはっきりと見てとれる形でするつもりです。必要とあらばあなたと手紙をやりとりしてもいいし……

　そして、あとの話と続けるために言っておかなければなりませんが、この対談はいささか特殊なものである、というのはそれがすでに翻訳へ向けられている（destiné）ということがあるからです——このことにはあとでまた触れるつもりです。

　こうしたことを言った上で、あなたの著書の中には、もとの形が講演であったテクストがかなりある。この、たいへん具体的な形における書き言葉《エクリチュール》－話し言葉《パロール》の関係にどのように対しておられますか？

デリダ――それはですね……つまり、私はいずれにせよあなたが言われたこと、私たちの即興の対談に手を入れないのがもともと必要であるという点について言われたことを強く感じていますし、それに賛成なのですが、それにはいくつかの理由があって、第一には、私の思うに、対談というものに何か面白味があるとすれば、それはそれがなんらかの不意打ちの要素をはたらかせるかぎりにおいてだからなので、もちろんこのような即興の中でも多くのことが前もって計算されてはいますが、しかしなんといっても計算はそこでは書かれたテクスト、ゆっくりと時間をかける誰かによって、言わば一人で自分自身の読者たちというものを作り出す人間によってですね、書かれたテクストにおけるのとは違うのですし、思うに、対談の良い点は、何か良い点があるとすれば、それはまさにこのような不意打ちへの露呈を利用することです。

たまたま私は、一般的にはそのような状況を避けてきたということがある。〔今日までに公にされた対談集としては *Positions*、一九七二、がある。高橋允昭氏訳により、青土社より近刊予定〕*1 そして、気づくのですが、私が承諾したいくつかの場合においては、それはまさしく外国ないし外国語へ向けての（à destination de）ものだった、ということは私が言わば身を委ねる露呈がですね、いかなる言語的反映作用、私の言述《ディスクール》の映像のいかなる回帰も可能……ではあり得ない――なぜかと言えば私には不幸なことにあなたの国語が読めないからですが――、あり得ないかぎりにおいて、また、したがって私が、たしかにより多く不意打ちに晒されてはいるけれど、しかしそれに加えてこの……そう言ってよければ言語のこの非反射〔回帰〕性に保護されているかぎりにおいて、私にとって耐えうるものである国、国語へ向けてのものだった。明らかに、私の言うことが翻訳へ向けられている（destiné）ということは、いささか私の咎を取り除き、責任を軽くしてくれますし、たぶんそれが私に対談というものの難しさに耐えることを可能にしてくれているのです。

ご指摘のように、私はたびたび、まず最初は口で話すことを目的とする（destiné）テクストを書き、そして公刊してきました。そうなるとこれは書き言葉《エクリチュール》によるあの呪縛のようなものと、私が話し言葉よりも書き言葉に与えていると言われているあの……特権的な位置と矛盾するように見えるかも知れませんが、しかし実際にはそれは表面上の矛盾にすぎないと私は思います。それはなぜかというと、一方では、私がエクリチュールという概念、エクリチュールという言葉を掘り下げようと試みたことが話し言葉を排除するものではなく、まったく逆にそのことは話し言葉自体が一種のエクリチュールであるということを前提していたからで、このように変容されたエクリチュールの概念の内部においてこそ、話し言葉と書字《グラフィ》のこの対立とでも言うべきものははたらき得たのです。たしかに、私は、自分が話すことを期待されている状況に口授され〔＝強いられ〕てとでも言うか、そういう場合の方が容易に書けるというのは事実で、これはその状況が教育の場合であれ、講演の場合であれそうなのですが、そのようなとき、私は書いて準備し、ほんのわずかしか即興はしない、極めて稀にしか即興でものを言いませんけれども、とにかく多くの場合、一個の〔話し〕言葉の状況、言述〔＝弁論〕の状況に合わせて書いているのです――それが、繰り返しますが、教育の場合であれ、講演の場合であれ。ここでこの問題を……もう少し分析的に扱うためには、このエクリチュールの概念の、痕跡（trace）という一般的観念から出発しての変容に話を拡げる必要があろうかと思います。私がこの問題群をふたたび掘り下げようと企てたとき、私には、理論的探求の全体的状況、より正確には六〇年代のフランスにおいてはっきりした形をとっていた理論的探求の状況に関する戦略的ないくつかの理由から、私には、一個の差異から出発しての、他者への送り返しとしての痕跡の観念、存在者の、存在の全領野に拡張し得るようなね、痕跡の観念を前面に押し出すことが必要であると思われました。その場合、この痕跡の観念、決して現前することがあり得ぬ痕跡の、そしてつねに――その構造というのは他の痕跡への送り返し、他者への送り返しにおける自己自身の消滅のようなものである、そんな痕跡の観念は、当然、通常の意味でエクリチュール（文字）と呼ばれているものとより多くの類縁性を持つものと見えていたけれども、しかし通常の意味でのエクリチュールに終るものではなかった。そのことからして、声、声音《タンブル》、口調、言述といったものは私にとっては痕跡の諸現象、エクリチュールの諸現象であるわけで、そして私は自分のしていることが一種の書字中心主義《グラフォサントリスム》に還元されることに対してはつねに、その効果がいつもあがったわけではないにせよ、反対の態度を明らかにしてきましたし、また逆に私は大いに、そして以前からいつも、とはいえ今では前よりややテマティックないくつかの理由から、すべて声、声音、リズムに関わること――通常の意味ではエクリチュールに対立させられているものに興味を抱いているのです。

豊崎――括弧入りで言いたいこと、今からお願いしておきたいことなんですが、フランス社会の枠の中ではおそらく必ずや、あなたが公に言うのをためらわれることがあるでしょう、あると思います。けれどもこの対談が日本の読者に向けられている以上……どうかためらわずに（笑いを含みっつ）ふだんより少しばかり率直にものを言ってください、まあ、必要とあらばの話ですが。

デリダ――もちろんです。そこで二つのことを言っておきたいと思います。一つには、たしかに、私がフランスで即興に行なった対談の類ではほとんど絶対に自分の言ったことを読み返すことをしないにしても、それは単に私が今しがた言ったように、私の言述が私の国語の中で私に帰属する以上、私がより少く――私が即興でなし得ることについてより多く不安であるからというばかりではなくて、またフランス社会の状況というものがご存じのように極端な葛藤を孕むものだから、一歩一歩がわれわれをいろんな……あらゆる種類の罠、イデオロギー的、政治的な罠……なんと言うか……戦闘的な解釈等々に晒すからでもあるので、このことが私に――たぶん生来の性向が私にそう仕向けたのに加えて――私に一種の、一個の尻ごみを強いてきたのです。

ところが、翻訳されることへ向けられている対談、言語学的な意味で翻訳されるばかりではなく、より広い意味でも翻訳される（traduit）、つまり私がまるで知るところの少い文化的、イデオロギー的一環境へ移される（transporté）ことへ向けられている対談の場合、私にはそれも、それの方がより容易にすることができるのは、それが何はともあれあなたを通じて、ということはつまり……たくさんの深くて検証ずみのですね、すでに確認ずみの類縁性を私が感じている人を通じて行なわれるというかぎりにおいてであって、このことがまた同時に、私が或る種の闇へ向って、何はともあれ（笑いを含みつつ）自分がそこでは比較的保護されていると承知の上で身を投ずるのを可能にしてくれる、私は要するにあなたに向って自分にとってのもろもろの保護のシステムを開陳しつつあるわけなんですね――それが私の暮している環境内の保護であれ、その環境外の保護であれ。

豊崎――私がすでに言い、繰り返したように、この対談は翻訳へ向けられたものです。いい機会ですから、まさしく、翻訳というもの（la traduction）というよりむしろ翻訳諸現象（les traductions）を話題にしたいと思います。スリジーのコロックには七つの分科会《セミネール》があり、そのうちの一つは複数形で「翻訳」（traductions）と題されていましたが、私はそれに参加して短い発表をし、その中でとりわけこういうことを言いました、つまり翻訳は一種の引用と見做し得るし、その逆も真である、そしてそのような角度から見た翻訳はあなたの諸著作の一次元——あのとき私は周縁的《マルジナル》であると同時に本質的なと言いましたが——周縁的であるがゆえに本質的な一次元をなしていると。そして分科会のまとめ《ビラン》、第一回のまとめのとき、私は、あなたの著作に触れるあらゆる問題がいかに言わば翻訳に帰し得るかということに驚きました。そして事実、あなたの著作、あなたの講読演習《セミネール》においては、ブランショにおけるとまったく同じく、しかしなおいっそう明白な仕方で、ますます翻訳の理論と実践が問題にされています。その点については、ことにあなたの最近著『絵葉書』[*2]——これにはあとでまた触れますが——に収められた「おくることば〔＝発送、献辞〕」（*Envois*）と「思弁すること——《フロイト》について」を、またとりわけ、今日までのところ英訳だけが刊行されていて、フランス語題名は「生き延びる」（*Survivre*）という、一つのテクスト[*3]を挙げることができます。これはわざわざ翻訳されるべく発想されたテクストで、そこにはテクスト……主要テクストに全篇にわたって伴っている、ページ下部の長い注があり、それは「航海日誌」（*Journal de bord*）と呼ばれています。この二つの表題に対する英語訳はそれぞれ *Living on* と *border lines* で、この二つは英語では一つながりの文（*Living on border lines*）になるわけです。ことのついでに言いますと、このテクストで問題にされているのはシェリーの一篇の詩〔『生の勝利』〕とブランショの一篇のレシ〔むしろ二篇──『死刑判決（＝死の停止）』と『白日の狂気』〕ですが、完全に並行的な仕方で問題にされているわけではなく、つねにいくつかの隔たりを示す仕方でそうされている。──とにかく、この対談の枠内ではその話はしないつもりですが。

そして一般的に言っても、あなたはご自分のテクストにおいてつねに〔複数の〕翻訳（les traductions）を実践してこられたと言うことができます──ドイツ語からフランス語、英語からフランス語、そればかりかたぶんヘブライ語からギリシア語、等々といった風にね──そしてどうもあなたにとって本質的な問題は、かつて言っておられるように「人は自国語で書くのでもなければ、また外国語で書くのでもない」ということであるように思います。そして一個のテクストは、もしそれが「全面的に翻訳可能であるならば、テクストとして、エクリチュールとして、一国語のボディとしては消滅してしまう。全面的に翻訳不可能であるならば、それはただちに死滅してしまう。」〔このパラグラフの二つの引用はいずれも前記 *Survivre* より〕――これはたぶん引用としては不正確かも知れません、記憶で引用したので――これを要するに、どんな国語で書く誰であろうが、ただちにあの……「ダブル・バインド」〔G・ベイトソンの用語で、或る行為をすることを命じつつ同時にそれを禁ずる、矛盾した二重のメッセージ〕に捕えられてしまうということです、つまりその人は翻訳することと同時に翻訳しないことを余儀なくされる。このことの一つの帰結はあなたの著作においてますますはっきりと感じとれる一つの側面、それらの著作を時としては『フィネガンズ・ウェイク』に近いものにするような側面です。こうしたことすべてについてお話しいただけると有難いのですが。

デリダ――（少し長い間を置いて）事実、或る意味で、エクリチュールについては、それが端から端まで翻訳であると言うことができます。そしてそこでもまた、翻訳という言葉に通常の意味、つまり一国語から他の一国語への意味の移行という意味と同時に、それから変容（transformation）ということの方へやや変容された意味、変容としての翻訳、を持たせ続ける必要があり、そしてこの問題がつねに私の関心を引いてきたのはいわば一つのまとまりをなすもろもろの理由によるものなんですが——それらをなんとか列挙してみようと思います——たとえその列挙がいささか……並列的と言いましょうか、いささか人工的であるにしても。

まずはじめに——これはたぶん……このことは別の機会に言うよりもこういう対談の中で言った方がいい、というのもそれが一種の……自伝的告白に似ているからですが——、私が私の母国語とされているものに対して持ち得る関係はいささか特異な関係で、それは私の来歴に由来するものです。そう、私はアルジェリアで生れ、そして十九の歳まで暮しました。フランス文化の環境内で、しかしスペイン系ユダヤ人を祖先としてです。私はフランス語しか知りませんでした。フランス語は私の母国語と呼ばれるところのものであり、私の家族環境はアルジェリア在住フランス人のプティ・ブルジョワのそれだった。にもかかわらず、そしてこのような帰属のゆえに、それがアルジェリアであり、フランスによる植民地化以前からそこにいたアルジェリア在住ユダヤ人の環境であったゆえに、反ユダヤ的迫害が私を学校から追放したのが私が十歳のときだったという事実、などなどのゆえに、一種の……フランス文化に対しての

——フランス語に対しての外在性のようなものができ上ったのです。その結果、私が一つの国語しか持ってはいず、そして私がこの国語に実に実に深く愛着していることは、国外移住を考えられないのみか、別の国語環境では居心地よく暮すことさえ考えられないほどではあっても、それにもかかわらず、私はフランス語という言葉を少しばかり、少しばかり外国の言葉と感じているのです。そしてたぶん私の知的経路全体、あとで私がフランスに勉強に来たとき、フランスで仕事をし、書き始めたときの私のフランス文化に対する関係全体が、この、この初期体験ですね、それの何かしらを保存しているにちがいないように思います。単一国語使用（monolinguisme）ではありますが、それも、自分が完全には生来のものと見做すことのできない一国語の中では結局居心地のよくなかった人間による単一国語使用です。その結果、私はフランス語に対して愛と憎との関係を持っており、たぶんそれはフランス語を扱う私のやり方、もう一度言えば、うまくあるいはまずく扱うやり方にいくつかの作用を及ぼしているにちがいないように思うので、その程度といったら、フランスで悪意をもって私のものを読もうとする、したがる人たち——そういう人は少くないのですが——は、私が書くものがフランス語をひどい目に遭わしている、それがいささか隠語めいている、いささか野蛮だとね、見做す傾向があるんで、それどころか……何と言うか……悪口の一覧表《カタログ》みたいなもの（笑いながら）の中には特に私を傷つけたのがあって、それは私がパタゴンで書いているというんですが……

豊崎――パタゴンというのは？

デリダ――……パタゴンていうのは、つまりこの、パタゴニアというのは南米にある国ですね。パタゴンで書く、あるいはしゃべるというのは外国語をしゃべるということです。下手なフランス語をしゃべるということなんです。こういったことは、もちろん翻訳に対する私の関係全体を伝えるには遠いものですけれども、それはまったく無意味ではないと思うのです。

この翻訳の問題に対する私の関係のもう一つの特徴は、そう言ってよければより本質的かつより一般的ないくつかの理論的理由にかかっています。つまり、人がシニフィアンとシニフィエのあいだの区別、対立にもはや満足していられなくなったからには、私が作り上げようと試みていたエクリチュールの理論がまず第一にそう言ってよければ記号《シーニュ》の、シニフィアン－シニフィエという対立項の支配的諸哲学の批判ないし解体であるからには、もはや――これを言うのはかなりありふれたことではありますけど、とにかく思い出しておく必要があると思うのは――国語というものを代理的シニフィアンの総体、要するに意味された内容《シニフィエ》には無縁な意味するもの《シニフィアン》の総体として扱うことはもはやできなくなっていて、その場合、意味された内容は一つの国語から他の国語へ無疵のままで移行することはできないわけでしょう。ですからエクリチュールとは意味の一個の変容であり、そのかぎりにおいて、一個の国語であると信じられているものの内部で、すでに一個の翻訳なんですよ。私が信じないのは、言語学者にとってあんなにも不可欠な概念、この（ドアにノックする人あり、一時中断）……私がいつも疑わしく思ってきたのは、それでも言語の科学の公理であること、それもたいへん重大な公理で、私にとっては……何と言うか……この科学の作動可能性にとって不可欠と思えたものなんですが、つまり国語が一つのシステムを形作っている、という公理です。言語学的システムの一個の厳密な統一体があるということ。私はいつもこの統一体が厳密なものであり得るということを疑わしく思ってきました。つまり私はいつも一個の国語というものの閉じられた総体が実在するということを疑わしく思ってきたんで、私は思うのですが、あらゆる国語はそのシステムそのものの中で、さまざまな接木や、伝染や、他の諸国語へ、われとわがシステムの変容へ開かれてある状態などの一システムなんですね、その結果、私が何か別の、別のコードの中でなら言語的生成可能性と呼ぶだろうものは国語の……内在的翻訳を前提しているのです。したがってただ一つの国語を読み書きすることはすでに翻訳のタイプに属するわけです。

（ここで再び少し長い沈黙）翻訳に対する私の興味のもう一つの動機、そう言ってよければ理論的な動機というのは、私がそうしようとしたように、二項から成る概念的対立の数々を、それが単純なものであれ弁証法的なものであれ、疑義に付そうとするからには、人は私が類推によって決定不可能《アンデシダーブル》なものと呼んだところのものに触れるということです。ところで決定不可能な観念、例えばプラトンにおけるギリシア語の「ファルマコン」（毒、薬）とか、ルソーにおける「シュプレマン」（補足、代行）マラルメにおける「イメーヌ」（婚姻、処女膜）のように、単一の国語の内部で二つの対立する意味を同時に表わすこうした決定不可能な観念は、なんらかの仕方で決定不可能性を縮小＝還元しようと試みないかぎり、あるいは……シニフィアンとシニフィエのあいだに絆があるという証拠を示すのでないかぎり翻訳され得ません。今言ったことを説明しますと、「ファルマコン」という言葉が、私が『プラトンの薬物学《ファルマシー》』において示そうとしたように「ファルマコン」という言葉が同時に薬と毒を意味するとなれば、それはこのような決定不可能性ないし両立性を縮小＝還元するような翻訳を惹きおこす（donner lieu）はずであり、避けることはできないだろう。言ってみれば外国語への翻訳、例えばフランス語で私が「ファルマコン」を翻訳しようと試みるなら、それは薬あるいは毒と訳さなければならないのですが、しかしギリシア語の内部においてさえも、プラトンのそれのような哲学的努力がこの「ファルマコン」という言葉を相手に操作する、この「ファルマコン」という言葉をあやつる仕方は、ついにはひとつの決定、単語の内部におけるひとつの結合分離的批判作業を提示することに帰結するのであって、この翻訳の暴力は、哲学的なるものがつねに決定不可能性を縮小＝還元しようと試みるものであるかぎりにおいてですね、哲学的なものなのです。

哲学的なるものはみずからの翻訳の概念、すなわち分析的で、決定をもたらし、一辞一義的な、あるいは一辞一義性によって規整されている概念を押しつけねばならなかった、ところが別の翻訳の概念がこのような翻訳に……このう……抵抗すると私は思います。その翻訳というのは……国語を意味の一辞一義性に縮小＝還元する代りに、何か別のテクストないし言わば意味的積み重ねの別の諸現象を叙述しようと試み、最初に言った翻訳の概念にそれを等価性に翻訳することなく対応するものです。ところがこのような翻訳というものは、言ってみればそれは不可能なものですね、ただし翻訳という言葉を一辞一義的な意味の再現と解するならばです、けれども翻訳という言葉を変容ないし書き直しと解するなら、そのときには、それは先ほどちょっと言った変容＝翻訳であるということになります。

この点で、今世紀においてジョイスと共に起ったことはとりわけ豊かな徴候だと私は思うんで、私はなにもジョイスが、つまりジョイスと共に起ることが絶対的に新しいことであるとは思わない、西欧あるいは非西欧の伝統の別の諸時点においてそれに類することが見出せないとは思いませんが、しかしおそらくジョイスと共に、そしてことに『フィネガンズ・ウェイク』と共にですね、あの……諸国語の交差の、単一のテクストの内部におけるあの潜勢沸騰的翻訳の非総和的集合のようなものがあったのです。たまたま、たいへん頻繁に、ことに私がイェール大学で翻訳の概念についてしている講義において、私はジョイスを参照するよう仕向けられたわけで、彼はわれわれにとってこの点から見た一つのモニュメントです。ことに、私が……翻訳者の責務についてのベンヤミンの仕事と、バベルの塔という大いなる神話的形象と、それに、ほらバベルのテーマがたいへんはっきり出ていて、ただ一つの国語で書かれたとはもはや言えないようないくつもの文に出会う『フィネガンズ・ウェイク』のいくつかのテクストを……言わばいっしょに分析したものですから。例えば、そのごく小さな原子《アトム》、まあ最小限度の単位だけをですね、引き合いに出せば——と言うのも対談の中でそれ以上のことはできそうにないからですが、『フィネガンズ・ウェイク』の中で、或るシークエンスの中、バベルのテーマがとてもはっきり出ている或るシークエンスの最中に《he war》という表現が現れてくるのが見られるときなどです——英語の「彼」というheと、それにwarこれはもちろん英語では戦争という意味だし、ドイツ語では、「であった」という意味です。この文は、意味論的潜勢力が実に実に豊かで、私はそれを分析しようとしているわけですが、英語で書かれているのかドイツ語で書かれているのか、はっきり言うことが不可能であり、そのときわかるのは、翻訳の問題が……この文を翻訳しようとするなら——そのことは私に言わせれば不可能なのですが——、いつまでたっても、たとえいつかは……伝え得るすべての意味を伝えられると仮定しても、すなわち——「彼は戦いを宣した」、「彼は言う、私は、戦いを宣しつつ、在ったところのものである」、「シェムの息子らに戦いを宣するのは神である」とかね——ほら、シェムの息子らっていうのは、バベルの塔なんてものを建てることで名を上げたいなどと思ったわけですね——、この文をフランス語、日本語、あるいは英語、ドイツ語に翻訳すると仮定しても、失われるだろうものというのは、この文がいくつかの国語で同時に書かれているという事実なんですね。そして一般に、翻訳の理論家たちは、どんなに洗練された人達であれ、問題を国語の、一国語から他の一国語への移行のレヴェルで提出している。しかし、原《オリジナル》と言われているテクストがすでにいくつかの国語で書かれているとしたら、そのテクスト自体がすでにいくつかの翻訳から成る一塊であるとしたらね、どういうことになるのか。そのときには、翻訳を行なう側のテクスト自体が、最初のテクストに含まれている多数の国語を伝えるためにいくつかの国語で書かれなければならない。したがってそのとき、それはもうひとつのエクリチュール、変容という意味におけるもう一つのエクリチュールなのです。

豊崎——あなたご自身も多少、最近ではすでにフランス語で、フランス語の内部で、同時にいくつかの国語で書くことを実践しておられますね。

デリダ——ええ、それを私はときどき意識的に自分の手持ちのわずかな言語学的手段でやっています。私は英語を少し、ドイツ語を少し、ギリシア語を少し、ラテン語を少し知っている、というわけでね。これは多いと同時にわずかなものなんですね。しかしいずれにせよ、私が望むと望まざるとにかかわらず、意識的に決定するしかないかにかかわらず、私の書くフランス語はすでにこの……接木の結果であるということがあるんですね、その結果というものは目に立つこともそれほどでもないこともあり得ますが、いずれにせよ私にできないのは、それらに多数の国語を還元することです。

そこで、たしかにここ数年、私はたぶんもっと――もっと意識的に、以前よりもっと頻繁に、いくつかの国語のあいだを旅するように仕向けられてきました。そうなったのは、とりわけいくつかの状況、とりわけ私が例えばアメリカ合衆国で教えるようになった状況のせいですし、結局のところアメリカにおける私の仕事の割合がフランスにおけるよりも大きいかも知れず、また私がですね、そのような環境と英語というものとに反応するように仕向けられたせいであり、それはまた私の哲学的照合基準が何よりもドイツ哲学のものであるせいでもある。というわけで、私は或る範囲内、たいへんつつましい範囲内で自分が導かれるにまかせるのです、というのも私は、多少ともぼんやりとではありますが、私の書いたいろいろなテクストの非フランス的文化という環境内における読まれ方を予測することができるからです。それは、私が予想できることというのは、狭い意味での国語にだけ関わるものではなく、まさしくスリジーで複数形の翻訳という言葉で呼ばれていたもの、すなわち転置、変容などにも関わるのであり、そうした転置、変容はフランスでこれこれの年に、およそ大体のところフランスという環境で暮している誰かによって書かれたテクストが、どこか別の国……文化的領域、政治的領域がですね、別のものであるところで別の運命（la destinée）を持ち、経験するという事実によるのですが、そういう別のところでは私ができ得る限り注意深くあっても、外国のいろいろな環境でそれらのテクストにふりかかり得ることにでき得るかぎり注意深くあっても、その事柄を分析する手段を私は持ち合わせないわけです。そこで、たまたまその点についてはアメリカ合衆国で、アメリカの諸大学で起っていることについてなら私はややはっきりした知覚を持っているのですが、他の国々でのこととなると、私にはまったくわからない、そこで起っていることのほんのわずかなしるししか持ち合わせないのです。

豊崎――ロジェ・ラポルト――この人は日本では事実上未知も同然な作家ですが、ブランショにたいへん似たところもある作家だと思いますし、それにまたあなたの大の親友でもあると思うのですが、さてこのラポルトはスリジーでたいへん適切にもこう言いました――「デリダのエクリチュールは心（le cœur）に触れるエクリチュールである。」

そうです、思うに、あなたの読者たちのあなたの著作との関係は本質的に誘惑の関係です（やや笑いを含んで）。ことのついでに言うと、誘惑（séduction――逸れた方向へ導くこと）という言葉は歩行（marche）歩み（pas）といった観念に導く（conduit）のですが、これらはあなたの最近の著作においてたいへん重要な観念です。まあ、文章《エクリチュール》の面では、あの、『グラマトロジーについて』のころには、あなたは、荒っぽい言い方をすれば、非常に凝った、洗練された文体を持ってはいなかったように思いますし、この点についてはあなたの変化はたいへん大きいように私には見えます。あなたの文章《エクリチュール》、要するにこう言ってよければその《肌理》（maille――編目）は、およそのところ『散種』以後極めて密、ますます密になったと同時に、なめらかなぬめりがあり（onctueuse）――この言葉がうまくあてはまるかどうかわかりませんが――、そしてやわらか味がある。そしてこのやわらか味、このなめらかなぬめりはまさしく、私にはときとして、完全にフランス的ではないもののように思えますし、このことは今しがたおっしゃったこととつながります。

（少し間を置いて）これは……たぶん質問の形をなしていないかも知れませんが、そのことについて少し話していただけますか？

デリダ——（少し間を置いて）どんなことが cœur（心、心情）という言葉の背後に考えられるかを知るのは難しいことです。しかも極めて厳密な、歴史的に極めてはっきりとしるしづけられた意味がこの……パスカルの方にある、そればかりかハイデガー、パスカルを読み、あるいはパスカルに触れるときのハイデガーの方にもあって、もちろんこのモティーフに私は大いに興味がありますが、しかしこの点について今言われたことにお答えするとなるととても大変なことでしょう。生命から由来している意味における心、そこではこの言葉は単に情動、感情を意味するだけではありません……

今度は、あなたの言われた言葉をたぶんそれほど厳密でない意味で受けとるなら、事実或る点では、何か文章《エクリチュール》が私の興味を引くのはそれが心の領分に属する何か、情動と言いますかね、それに触れるかぎりにおいてであると思います。根底では、私がそちらにも重きを置いている理論的論証は、私にとっては、およそ最も簡素な、最も厳密な仕方で用いるべき一種の手段ないし媒介、しかしそれも最終的には心に触れるために用いるべきものであるといつも思えるのです。心から発して心に触れるために。私には、あなたが無媒介《ただち》的にこの心という価値に結びつけた誘惑という価値がはたして心と相容れるものであるのかないのかはわからない。その点について、いくらか言っておきたいと思います。たしかに――まあ、私は或る点ですべてものを書く人たちと同じように考えるのですが――、私は誘惑しようともとめている、たとえ一方で、『絵葉書』の場合がそうですが、誘惑のテーマを、たとえ一方でそう言ってよければ誘惑を一つのテーマにしながらもですね、それとあの……誘惑したいという欲望から逃れるについての不可能さ、困難さをね。けれども或る点で私はまた心のあるところ誘惑は止むはずであるとも感じるんですよ、ですから私は、私のいろいろなテクストの中には誘惑に向けてはたらく何かが、そしてまた誘惑に抗してはたらく何かがね、あると思っています。すると誘惑、誘惑は――もちろん、誘惑に抗してはたらくということはたぶん相変らず、或る誘惑を別の誘惑よりも好むこと、誘惑の或る様態を別の様態よりも好むこと、誘惑の難しさを別の難しさよりも好むことかも知れませんね……が、しかし、私をつねに引きとめるもの、私をつねに惹きつけるもの、私が絶えず立ち帰り、私が最近のいくつかのテクストでたぶんよりいっそう理論的に立ち帰っているもの、それは根底において誘惑は、それが導くと同時に迷わせようとつとめるものであるかぎりにおいてですね、誘惑は不可能であるということなんですよ、誘惑は……なぜなら人は決して着きたいと思うところへ、相手を来させたいと思うところへ着けないからで、誘惑はこの視点からすれば不可能です、けれどもそれはまた不可避でもあるのは、人が自分を導こうとするにせよ相手を導こうとするにせよ、目的地（la destination）はどこだかわからなくなるかぎりにおいてなので、どうやら——それは他処へ、道の外、そう言ってよければ正しい道の外へ人を導く動きなのであって、この視点からすれば私は誘惑を宿命として、そして或る点では、私がたぶん相手を、例えば書いているときに読者を従わせようと試みるのと同じ程度に、私自身が従わされている、抑え難い動きとして感じとっているのです。そして『絵葉書』を領している宛名の、宛先（la destination）のテーマは誘惑のテーマと不可分ですし、それに「おくることば〔発送＝献辞〕」（*Envois*）からすでに、『絵葉書』に収めた *Envois* の献辞のときからしてすでに、誘惑という言葉が現われたのだったと思いますね、私はいささか誘惑しようとつとめている、とあの本の署名者は言っている。これは……無・宛先としての、迷わせかつどこだかわからなくなる（égare, s'égare）宛先としての誘惑のこの宿命はまた、あなたが実に適切に指摘されたように、あの「ダブル・バインド」の、pas（歩み、〜ない）の宿命でもあるんですね、前進することなく前進し、導くことなく導く、などなどといったね。

あなたが思いつかれたoncteux（油ですべすべした、なめらかなぬめりのある）という言葉はたいへん私の興味を引くのですが、それはたぶんそれの……俗化されたあるいは通常の意味でではない、つまりそれが指すのは一種の……このう（少し間を置いて）角《かど》がなく、切れめのない、などなどといった性質の連続的な流れですが、この観点からすれば私の書くものはまったくoncteux《なめらか》ではないという気がする、とにかく私の感じを申し上げればそうなのですが、けれどもそれと並んで、onction（油を塗ること）という言葉でoindreという作業に関わる何か、つまりですね……onguent（香油）あるいはbaume（芳香液、香油）を躰に塗るということ、それとともに聖書に見出され、また私が『弔鐘』（*Glas*）で分析しようと試みたテーマ体系を指すならば、その場合にはonctionの作業はたいへん私の興味を引く価値です。そして私が思うに、或る点では——あなたがそのときに私の文章《エクリチュール》を話題にしてくださったから言うのですが——なんらかのonctionがあり、それは角《かど》ばったものによる一種の傷が絶えず……えー……私の書くものは、思うに、かなり……残酷で、容赦がなくて、読者にも私自身にも手加減しないもの、それはスパッと切るような……遠慮会釈のないものです。それから同時に、思うにそこでもう一つ別の動きが、私が書くときどうしても避けられないこの残酷さを和らげる(adoucir)べく存在する。そこで、そこにあるのはたぶんこの人を傷つける残酷さの舞台なんですが、また同時にそこでは……一種の……このう……償いではない、なぜなら私はそうしたことは償えるものじゃないと思うからで、そうじゃなくて一種の同情、たぶん同情が感じられるのです。やわらか味(la douceur)の効能が、やわらか味が現れてくるのはこのような条件＝境遇においてです——なんと言うのかな、私はあなたが私に言われたことを、そのやわらか味ということについてね、解釈しようとしているだけなんですが、思うに、たいへん素朴に、たいへん直接的に、そしておそらく……たいへん俗な仕方で言えば、私は自分が書くとき、自分が一個の掟〔＝法〕から逃れることはできないという感じを持っており、そしてこの掟は私におよそもっとも容赦のないことどもを言うように強いるものなんですね。で、私は自分がそれに抵抗することはできないと思う——その結果、私はたまたま、たいへん戦闘的、ないしこの言葉の最も……最も破壊的な意味で批判的なものとして感じとられたことどもを書いたことがありますが、しかし同時にもう一つ別の動きがあって、それは私がそうした仕方で手ひどく扱いつつあるものに私を愛と同情で結びつけるものなんですが、たぶんこの効能のせいで、あなたが誘惑と呼び、やわらか味と呼ばれたもののせいで、こんな風に私は、自分で従わせるというより、少なからぬ読者を従わせるというより自分がそれに従っているエクリチュールの舞台を感じとっているんです。

豊崎——えー……それよりはるかに理論的なところの少い面においては、私はいつもあなたの読者のあいだにはたくさんの女性読者が、女の人がいるということに気づいているんですが、このう……その人たちは正確にはあなたの弟子というわけじゃないのですけれども、とにかく……それで私は、或る座談会の中でそうしたあなたのかなり忠実な女性読者たちのことをかなり意地悪く「デリディエンヌ」〔デリダを信奉する女性たち〕と（笑いを含んで）呼んだことがあります。私はなにもあなたが男よりも女によりいっそう愛されていると言うつもりはありませんが、しかしあなたのエクリチュールによって、それを通してあなたを愛している女性たちが多いことは否定できません。そのことをどうお考えになりますか？

デリダ――（咳ばらいをして）そこで、その質問にお答えするにあたって、まず初めに……私がしようと思えばできる女性問題の扱いといったことすべてを脇にどけてしまうと……

豊崎――ええ、そのことにはまたあとで触れるつもりですが……

デリダ――……さしあたっては、私の、最近十年間のとしましょう、テクストの大部分において、女性の問題がその政治的、精神分析的等々の次元においてははっきりとした形で私によって照明をあてられてきたという事実を脇にどけておきましょう。この事実を脇にどけるなら、私はこう自問するのです、というのも私はあなたの質問に対する答を持ち合わせていないからですが、私には実際、私のテクストにより敏感な女性読者、女の人がいるという事実は、それははたして私のテクストがなんらかの仕方で男性的誘惑を及ぼすからなのか、それとも逆に、私のテクストの中にはまた何かしら女性的なものもあるのではないかと自問するのです。たぶん同時にその両方なんでしょうが、しかしあなたのおっしゃった女の人たちの興味を引くのは男のエクリチュールであると性急に考えるべきではないと思うので、そのエクリチュールにおける何かもっと、性的にもっと不定な、不安定な何かなんですね。このことは、今しがた話していた女性の問題をいわば脇においてのことです。

豊崎――そうですね、時間があれば、そのことに話を戻すつもりです。よろしければ、ここでちょっと休憩したいと思います。（約五分間中断）。

豊崎――誘惑を言うことは何か或る差異によって惹き起された惑乱を言うに等しいのですが、しかしまた誘惑を言うことは或る種の遠ざかりを言うに等しくもあります。そしてそうしたことすべては、そのすべての細部において、またそのすべての謎においても、あなたの近著『絵葉書』においても見事に絵ときされています。そしてあなたはその本の中でほとんどすべてを「郵便」（poste）という一語に集中しておられる。そして私の印象では……それはあのシュプレマンの連鎖のひとつの新たな変貌なので――あなたはすでにその話をなさった、「ダブル・バインド」を表わす言葉いくつかですね、「ファルマコン」「イメース」「パ」などですが――、それともちろんこの本においては大いに精神分析が問題になっている、それから女性ですね、今しがた話に出た女性読者ではなしに、一般的に女性という問題、要するに哲学にとっての他者としての女性――要するに私が哲学と言う場合、そこに精神分析をも含めて言っているのですが――例えば「返還」(Restitutions)と名づけられたいくつかの声による対話〔『絵画における真実』所収〕[*4]には一人の女の声が出てきます……

……『絵葉書』に戻ると、こうしたことすべては、この本の幕開けになっていて *Envois* と名づけられているあの一連のラヴレターにおいてたいへんはっきりと感じとれます。この envoi という語はすでに私たちの対談の中に何度か出てきましたし、そのことについても話していただけたらと思っています。私に言わせれば、一人の哲学者が自分のラヴレターを単に公にするばかりではなく自分の著書に、個人的な資格においてではなく、自分の著書の本質的要素として、組み入れているのはこれが初めてだと思います。

ところで、精神分析のさまざまなことに対するああした興味はどこから来ているのでしょうか、たしかにあなたはすでに『エクリチュールと差異』の中で、長くて興味津々たる論文「フロイトとエクリチュールの舞台」を書いてはおられますが。今度はこうしたことを話していただけますか。

デリダ――郵便《ポスト》に対する、そして郵便《ポスト》という言葉に対する興味は、実に明白にこの近著の中で展開されているものですが、或る点では他のさまざまな形のもとにずっと以前から予告されていたのであって、それは例えば（aの入った）ディフェランス（différance）――（遅延作用）が何か中継ぎによってね、遅れさせ、そして迂回させることに存する動きであるということを考えてみればわかるのですが、そうなると、（aの入った）ディフェランスは一つの郵便的現象であると言えるわけで、それはこういう意味においてです、つまりそれは、遅延をもたらす迂回、きりのない中継ぎ（relais――換え馬、宿駅、中継地）を前提する迂回を余儀なくさせる運動である、けれどもその中継ぎというのは起点がないようなもの、中継ぎといっても起点と終点のあいだにあるようなものではなくて、あるのはただ中継ぎの中継ぎの中継ぎであるようなものなので、そのため、このう……ディフェランスと中継ぎの現象は私を……

言ってみれば郵便的構造一般への、そしてまた郵便の歴史とテクノロジーへの興味へ導く定めだったわけですが、この点はなぜかというと、たとえ郵便的なるものの一種超越的必然性があるにしても、そこにはまた――私は経験的なるものを超越的なるものに従属させるようにして一方を他方に従属させることはできないと思っていますが――、そこにはまた書状の歴史が、メッセージの運搬（le transport）テクニック、テクノロジーといったものがですね、あって、それは文化のさまざまな要素のうちの一つなどというものではない、なぜならあらゆる文化は或る種の郵便的テクノロジーと分離し得ないからです。そこで私が郵便に興味を持つことへと導かれたのはたいへん必然的なことだった。郵便にだけではなくて、レトル（lettre）の現象、書字（字面）という広い意味と、信書というね、手紙《レトル》を送るという特定の意味におけるレトルの現象にもです。そしてそうなってくると……（やや長い沈黙）中継ぎと郵便的ディフェランスしかないということになってくると、あるのはアンヴォワだけ、ということは途上にある――en voie、つまり *in via* ですね――存在としてと同時に発送（adresse）としてのアンヴォワだけであり、アンヴォワは他への関係の特定の一現象ではなくて、他へのあらゆる関係はアンヴォワのタイプに属するのであって、ここにはそう言ってよければ今しがたあなたがおっしゃったmarcheの、pas《パ》の大いなる比喩形象が見出されるんで、アンヴォワはまた一個の歩み、進行状態《マルシュ》にあるという一個の営為であり、一個の歩行《マルシュ》、一個の余白《マルジュ》なんですね――アンヴォワに共通する歩行《マルシュ》、しるし《マルク》、余白《マルジュ》なんですね――〔これら三つの単語が元来同じものであることをデリダは強調し、そこから来る可能性を開発している〕そして『絵葉書』の第一部が複数形の「アンヴォワ」（*Envois*）と名づけられているのは、ただ単に、たぶん署名者の、たぶんまた宛先人の多数の手紙、絵葉書があるからというだけではなしに、まずもって……えー……ひとつひとつのアンヴォワが分割され、多数化するからで、私がこの本の中でただ単に分析するだけではなしに言わば実践しようと試みたようなアンヴォワの構造、この構造たるやひとつひとつのしるし《マルク》はそれがアンヴォワである瞬間から分割されるというようなものなのですし、しるし《マルク》が分割されるから、同時に何人かの宛先人をただちに持ち得るから、そして宛先に混乱が起るからなんです。人は決して、誰が手紙を発送《アンヴォワ》するか、誰がそれを受け取るか、ということについて確かでないし、一人あるいは数人の宛先人自身も、まさにこの不確かさのドラマを、悲劇を生きるのです——君が宛てて書いているのは、この私になのか？　そしてその手紙、そのしるし《マルク》が誰か他人によって読まれ得る瞬間から、それは絶対的に単一特定の形で私に宛ててくれているものではない。それにおよそ最も単一特定のアンヴォワもですよ、ただちに誤配可能な（détournable）、分割可能なものなので、するとそれは複数形のアンヴォワであるのです。そしてこの複数化というものがこの、この本の中でみずからをエクリチュール化し、舞台にかけているんですね——それは自分自身を闡明しているわけなんです。

他方、このアンヴォワという言葉によって、私は手紙の分割可能性というこの問題群全体を、これは「真理の配達人」においても明白ですが（外で犬の吠える声）、ハイデガーにおけるGeschick《ゲシック》の問題群と関係づけたかった、そうすることを試みたのです——Geschick des Seinsですね、これはdispensation de l'être（存在の分配）とかenvoi de l'être（存在の送付）と訳されていますね、存在を、何ものかとしていうのではなく、送付されるものとしてね、考えねばならない、存在を考えるためには送付を考えねばならないというわけです。アンヴォワは存在の特定の一現象ではなしに、それから出発して存在がある es gibt《イリヤ》 つまり ça donne（与えられる）ですね、ものなんです。そして Geschick という言葉、これは歴史＝物語《イストワール》、Geschichte《ゲシヒテ》と、贈与、贈物 Geschehen《ゲシエーエン》と、Schenken《シェンケン》と通じ合い、それに……こうした贈与、宛先、送付を示す同族語全体の中で、ハイデガーの言う Geschick は存在がそれから発して考えることを与え〔考えさせ〕みずからを考えるべき対象として与えるものです。ただ、ハイデガーの言う Geschick の中にあるのは――アクセントが置かれているのは、送付の取り集めの能力であり、Geschick というものは存在のそれ自体の宛先への取り集めなのであって、逆にそれが……私が *Envois* においてそこを強調したのは、アンヴォワが取り集められないという事実なのです。或る点でアンヴォワはつねに、可能な散種へ、ということは可能な散‐逸（dis-persion）へと運命づけられており、そこからこそ手紙を送り合う者たちの悲劇が、しかしアンヴォワの幸運もまた、来ているのです。

もし手紙のこうした……迷子になる可能性、手紙の逸脱（séduction――誘惑）、誤配（détournement――誘拐）の可能性がなかったとしたら、いかなるアンヴォワも可能ではないわけでしょう。ですから私はこのアンヴォワの問題を或る種の理論的様態で扱うことを試みたばかりではなしに、一種のシナリオを、そう言ってよければ一種の小説《ロマン》を組み立てようと試み、そこでは郵便における……無宛先性（adestination）、手紙の非宛先性が実際の試練に晒されていたわけです。あの……*Envois* の中にはまるで掌篇探偵小説みたいなものがあって、そこでは一通の手紙が迷子になり、宛先に着かず、それを発送した男の手許に戻り、その男はそれを開封せずに性別が定められていない一人の人物に托す、その人物はどうやら死んでしまったらしく、当の手紙はどうなったかわからない、というぐあいです。そこにはメッセージの、アンヴォワの決定不可能性があり、それはこのシナリオが、*Envois* がそのまわりに組み立てられているものなんです。もちろん——これはあなたの質問にお答えしようとしているのですが——こうしたことすべては、一方では精神分析相手の或る種の闡明、そして他方では性的差異、すなわち女性相手の一つの闡明をぬきにしては可能ではないでしょう。

そこで私はこの二つの点のそれぞれについてたいへんとり急いで一言言おうと思います。またもちろんたいへん大雑把にでもありますが。えー……まずはじめに精神分析ですが——ロゴス中心主義の、現前の形而上学の解体は当然……歴史的であると同時に組織的な仕方で、精神分析という出来事、意識の非中心化としての、自我の、意識の知覚の疑問視というか……非中心化としての精神分析と歩を一にしていました。そして当然、私がさっき提示した痕跡の概念は、何か意識の哲学によって支配されていることはもはやできないものだった。ですから痕跡の概念は或る点では精神分析を相手どった闡明を行なうべきだったわけでね、それを私はずっと、始めからずっとしようと試みてきました。けれども同時に、精神分析を相手どった闡明を行なうということは、もちろん精神分析に訴えるという意味ですが、しかしまたひとつのAuseinandersetzung《アウスアイナンダーゼッツンク》、批判的闡明、必要とあらば批判的な闡明を、精神分析による或る種の理論化を相手どって行なうという意味でもあり、そうした理論化は私に言わせればまだしばしば或る種の古典的哲学のですね、あるいはいずれにせよ伝統的古典的哲学の或る種の要素に従属していて、私にはなおまだ分析されるべきであると思えたのです。だからこそ、『絵葉書』にはフロイトへの、精神分析へのコンスタントな訴えと同時に、それとひとつの分析、ときにはこの……まあ……手短かにするために批判的なと言っておきましょうか、分析があって、それはいずれにせよ、この（やや笑いを含んで）正統的なね、フロイトの精神分析への訴えでもなければ、私にはフロイト後の最も強力な理論化の一つと思えるラカンの精神分析への訴えでもない。そしてもちろん、この本の第二部には、盗まれた手紙が言わばラカンと対話する〔ラカンの「盗まれた手紙についてのセミネール」の分析である「真理の配達人」を指す〕のにも先立って、フロイトの『快感原則の彼岸へ』というテクストの読み《レクチュール》〔「思弁する――《フロイト》について」を指す〕があって、それはこのう……いくつかの水準ではたらいており、一方ではこのテクスト、文学的テクストとしても私の興味を引くこのテクストでのフロイトの「歩み《パ》」の、フロイトの歩調（＝振舞）、極めて異様な歩調の忍耐強い読み、それから同時に一種の自伝の試みで、私はそこでフロイトの舞台《セーヌ》、この著作の中でフロイトが繰りひろげている場面《セーヌ》、彼の孫の「ない、あった」（fort, da）についての有名なくだりなどにおいて彼が組み立てている相続の場面をも露出させようと試みています。というわけでして、精神分析への関係は必然的であると同時に……えー……分たれている、複数のものであるわけです。

さて、今度は女性のことについてですが、とりわけ『絵葉書』において、またその他の著書において女性の問題は、他にもいろいろある問題のうちの一つというようなものではないので、ごく手短かにするために、こう言いたいと思います。えー……私たちが今しがたこのう……私の書きぶり《エクリチュール》の或る種の変容と、それからそのエクリチュールの中に、或る時にはあり得る女性的なところを話題にしていたから言いますと、私は自分が次第にますます、エクリチュールの一種の独白性を破るために、エクリチュールの中に他者の声を語らせるよう仕向けられてきたと思います。その他者の声というのもまずもって、哲学における最も強力なもの、つまりファロス中心主義、ロゴス中心主義、私がファロゴス中心主義と呼んでいるものに異議を申し立てる、それどころかそれを脅かすものとしての他者の声、すなわち一つの女の声です。いくつかの女の声。このことを私は何度かにわたってせずにはいられなかった、今しがたあなたが言われたように「返還」――『絵画における真実』に入っていますが――がそうで、そこには事実いくつかの男の声の合奏のようなものがあって一つの女の声をできれば黙らせたい、ところがその声の方では絶えず戻ってきてはそうした男の声をみんなお互いに結びつけている「契約」を疑問に付すことをやめない、それから「歩み」*Pas* のような他のいくつかのテクストにおいてもそうで、そこにもひとつの女の声があって或る点で男の声の権威というものを問いただし揺り動かしているし、それからまた別のテクスト、そう言ってよければレヴィナスについての……レヴィナスへの頌《オマージュ》のテクスト〔『エマニュエル・レヴィナスに捧げる文集』、一九八〇〕[*5]にも一つの女の声があって、それがこの……忠実であると同時に不実な仕方で、レヴィナスの言述、何はともあれおよそ最も他者に向って開かれている言述を乱しにやってきて、そこに、たぶんいまだに、一個の男性的権威をですね、あるいは男性的権威の得になるようにはたらく或る種の非対称性を暴いている。或る点では、差異の……このう……はたらき、あるいは必然……差異の法は、……女の声としての他者の声が……一種の還元不能な多声《ポリローグ》の対話を……開くのではないかぎり、まさしく散種として展開されることはできませんでした。……*Envois*において、たしかに便りの署名者は男として設定されていますね、けれどもその男の言述はまず一つの返事なのです。それは「そうだ、君の言っていた通りだ……」という言葉で始まっている、つまり手紙の、絵葉書の全体が女性によるひとつの解釈、他者から来る解釈への返事なんで（道路でクラクソンの音）、それは女としての他者から来るあの動きなんですね。この多声の対話、この非対称性こそ私の目には……えー……

目に見えたのではないんで、ますます緊急の度を加える仕方で私にとってそうせざるを得ぬものになってきたものなんです。

ここでちょっとのあいだ、書くということの、その仕方の或る種の変化についてのあなたのさっきの質問へ完全に逆戻りしますとね、このう……まったくあなたの言われる通りだったんで、私はそのような変化が起ったと思っていますが、しかしそれが生じるためには……より古典的な様態において、そう言ってよければ地盤を少しばかり変化させていた一つのエクリチュールのですね……初穂のようなものなしではすまされなかったとも思っています。このことは、少くとも二つの領域において分析され得て、一方ではすでにかなりしつこく行なってきた道のりの内的領域で、そのためにとにかく何らかのやり方でこの……一つの理論的地盤を整備し始めなければならなかったんです、まあ初期のテクストにはもっとのちに行なわれることの初穂がありはしましたが、私の言っているのは文体、まあ書き方における初穂でね、だから要するにそこにはですね、分析できるだろうと思う内的諸観念があるわけで、それからまた——このことは一種の……（やや笑いを含んで）文化の、出版の社会学をなすはずの、その機縁となり（donner lieu）得るものですが――思うに、そして私は同時にそのことを嘆いてもいるのですが、思うに、受け入れられにくいものを受け入れたり、まずもって出版させることができるのは、すでに保証を与えた人間、もう前もって能力を証明した人間に信用貸しをするときからにすぎないのです。しかしこれをですよ、私はわれわれがその中で暮している社会的‐文化的システムの……批判として言っているんですが、しかしとにかく明らかなのは、もし私がそれまでに――しかもこのことは私以外の人々にも当てはまります――それまでに或る種の――相対的ではありますがとにかく或る種の――権威を固めていたのでなかったとしたら――つまり哲学者として、理論家として、まあそんなに出たらめを書くわけじゃない人間などなどとしての権威を固めていなかったとしたら、私が今、公にしているようなおよそ思い切ったことどもはそもそも――私はなにもそうしたものが今では受け入れられているとか好意的に受け入れられているとか言うつもりはありませんが――出版されることさえできなかっただろうということです。この点について、われわれはこの……えー……政治的‐社会的規範性めいたもの、……それは……社会的‐政治的環境がものを書いたり刊行したりする人に強制するものですが、それに意識的であるべきであると私は思います。その場合、ことはいろいろな中継ぎ、大学とか、出版界とか、マスメディアなどあらゆる種類の制度の中継ぎを経るわけです。私はなにも自分がですね、(やや笑いを含んで)……なんと言うかな……大変な権威を固めたなどと思ってはいませんし、自分が今書いているものが大いに受け入れられているとも思いませんが、とにかく少しは受け入れられ、また刊行され得るかぎりにおいて、或る種の規範化された期待に、そう言ってよければ或る種のイデオロギーに保証が与えられねばならなかった。ところで他方では、他の人たちと共に、私は批判を行なうこと、つまりは批判的分析をものすることを試みていますが、しかしわれわれは絶えず一種の妥協を余儀なくされているんで、そこでは一方でいろいろなことを批判しつつも、同時に他方ではその批判が読むに耐えるものであるという保証を与えねばならず、これは……いささか……この妥協は、もちろん……身にこたえることもあるわけで、私もときにそれがですね……とても辛くこたえることがあるんですが、とにかく……私にはこの宿命からのがれる手だてはないのです。

豊崎――今度はいくつかの短い補足的な質問をしたいのですが……*Envois* の中であなたはおよそのところ、あらゆる手紙は絵葉書である、という意味のことを言っておられる、まあつまり絵葉書は手紙の一変種ではなしに、そう言ってよければ……手紙よりも大きな何かである、と。私はそういったことを説明してくれるくだりを翻訳〔掲載〕[*6]するつもりではいますが、とにかく手短かにそれが意味するところを言っていただけますか。

デリダ――あらゆる手紙は絵葉書である、これはつぎのように翻訳されるでしょう――あらゆる手紙は或る点で読み取り可能なものである。すなわち、それは……すりぬけるというか、秘密でありかつ完全に開かれている、とね。絵葉書というのは――絵葉書のこの特徴だけをとりあげて言えば――開かれているものであり、郵便配達夫なり誰でもが手に持って読むことができるものだけれども、同時にそれを読むのは暗号を施されたテクスト、秘密のテクストとしてなのです。絵葉書についてはすべてが理解できるか、何も理解できないかでしょう。そして或る意味ではすべて書かれるものはこの観点からすれば絵葉書の構造を持っている――それは読みとれると同時に読みとれない、あまりにも明らかである——ポーの『盗まれた手紙』にはっきりと見てとれるようにね——、あまりにも明らかである——ということはそれが、透明であり、かつ同時にこの透明さがそこで言われていることの暗号を施された謎に手をつけはしないということですが——、それを読んでも何もわかりはしない、それはよく人が買うような、蒐集家が買うような〔古い〕絵葉書みたいなものです。で、そういう人たちは葉書の片面にある通信を読み、もう片方の面にある絵《イマージュ》を見るわけですが、だからといってどちらが表でどちらが裏か決められるわけじゃありませんしね、それに根本では、それが誰に宛てられている（destiné）のかもわからない、その絵葉書に……託されている（engagé）ドラマ、あるいは物語、小説、家族小説〔フロイトの用語で、人間が幼児期において、自分の親や生れが現実のものとは違っているはずだと思いこむ白昼夢的幻想を指す〕といったものが理解できない、わかりはしないのです。そういうわけで手紙というものがいつ何どきでも迷子になり得る、あるいは売りに出されたり、いろんな人の手に渡ったり、読みとれ、かつ読みとれないものであり得るからには、それは絵葉書に似ている、或る点では絵葉書であるわけで、絵《イマージュ》すなわち図像《イコン》と文とのあいだのはたらき合いを言わずとも、絵葉書において何がいちばん重要なのか、宛名なのか、文なのか、絵なのか、それをどう考えようがわかりはしない、等々という事実、それに場所への絆、こうしたことすべてが絵葉書をあらゆる書きもの《エクリチュール》の象徴にしているのです。ご存じのように、他方私はquart（四半分）に、quatre（四）にですね、大いに興味を持ってきました、それとあの事実……絵画の額縁（cadre）などにね、ですから絵葉書（carte postale）は角を、四つの辺をそなえたcharte（シャルト——文書、証書、憲章）としてもまた私の興味を引いていた、というわけです〔ここに挙げられている語は全部語源的に「四」と関わりがある〕。

ところで次に、このような一般論、あらゆる手紙は或る意味で絵葉書であり、誰の手にでも渡り得るし、読みとれかつ読みとれぬものであるという事実は、厳密な意味での絵葉書があるということ、厳密な意味での絵葉書の歴史があるということを隠蔽してはなりません。絵葉書というのは十九世紀に、極めて特定の技術的、歴史的、政治的諸条件において存在し始めた何かなのであり、そして*Envois*の中で私は絵葉書一般についてと同時に或る特定の絵葉書ですね、つまりこの……ソクラテスとプラトン、ソクラテスがプラトンの背で書いているところを示しているあの絵について述べたてようと試みています。しかしまた同時に、私は厳密な意味における絵葉書の現象、十九世紀に郵便のモノポリゼーションの諸現象と関わり合って現われたものとしての現象を扱おうと試みてもいるのです——郵便は切手の発明と共に国家の独占事業《モノポール》になったのですが、この切手の発明はかなり最近のものです。そのことについてジョイスはこれまた『フィネガンズ・ウェイク』の中で語っていますがね、とにかく、イングランドでは、まったく……たいへんな……戦争みたいな騒ぎだったんですよ、ペニー・ポスト（penny-post）が、切手が発明された時にはね。切手、そもそも切手は何かというと、発信人にみずから発信料《アンヴォワ》を払うことを可能にするものであるわけですね。これがプリペイ、つまり前払いというわけですが、それ以前には受信人の方が料金を払わなければならなかったんで、いずれにせよ発信と払いのあいだの関係は十九世紀において変化したのです。で、このことが意味するのは書くことと払うことのあいだに実に多くのことが起るということなので、私はそれを少々分析しようと試みたんです、エクリチュールと負債のあいだの関係、それに絵葉書が切手および西欧文明における郵便物のモノポールとほぼ同時代の産物であるという事実、こうしたことすべてが、そう、絵葉書について——同時に多数の絵葉書でもある絵葉書についての、それから一枚の特定の絵葉書、つまりあのプラトン－ソクラテスの絵葉書の読み、読みというか読みの冒険についてのあの本において私の興味を引いたのです。

豊崎——まさにその、ソクラテスとプラトンが描かれているたいへん奇妙な絵葉書についてですが、あなたは『絵葉書』が、その本全体がその絵《イマージュ》の、その絵葉書の余白に書かれていると書いておられます。そして……ここで……

デリダ——余白と背に、ですね……

豊崎——ええ、余白と背に。ここで少しばかり一般化させていただくと、あなたの興味——いや興味というんじゃない……あなたが一般的な意味では画像《イマージュ》について、特定の意味では画家、或る種の画家について書いておられることはあなたの著者としての経歴において比較的最近のものです。……そしてそこには、そうした美術についての著作には……大いに私の耳をそばだたせる一連の言葉が出てきます……——靴紐(lacet)、緊めつけ（結紮——stricture)、緊めつける（serrer）などなどといったような……ともかく……いつからまたどのようにしてあなたは、あなたは絵画へ、イマージュへと辿り着いたのですか？

デリダ——私はいつもそうだったし、今でもそうですが、絵画やイマージュに対してたいへん居心地の悪い感じがしています。或る意味で私は自分がまだそこへ辿り着いていない（笑いを含んで）と思っていますし、あなたの指摘されるとおり、最近数年まで私の書いているものは或る意味で可視的なものと関係がなかった。もちろん空間性への、間《ま》（を置くこと——espacement）へのたいへん能動的な関係はありましたが、しかしそれは言わばね、理論的な形をとった関係で、私は或る意味で絵画を避けていたと思いますし、つまりそれについての言述《ディスクール》は不可能だといつも考えてきた、或る意味では今でもそう考えています。そして私が機会さえあればやってみたこと——というのもどの場合にも偶然の機会、外部から来た注文のようなものだったからですが——、絵画あるいはデッサンについて機会さえあればやってみたことは、つねに……なんと言うか……不可能な企ての形をとった、私の言うことはいつも、始めも終りも、自分が絵画それ自体について語ることはできない、絵画の周辺で語っていて、額縁とか、署名などを語っているということになり、結局私が述べたてたのは絵画についての言述《ディスクール》であるよりも絵画についての言述の可能性についての言述だった。

そのことを言った上で、私がたとえまったく別のことどもを語っているときにさえ、視覚的なタイプの暗喩の諸連鎖を私は用いずにはいられなかった。それは思うに絵画を避けつつも、えー……私は初期からずっと自分の書くものすべての中で思うに可視的な舞台化〔＝演出〕に従わされてきたわけで、そこには一種の──というのも他の人たちは暗喩と呼ぶからですが──……図像的ないし絵画的連鎖のですね、一種の……えー……視覚化がある。そういうわけで、私は絵画へ辿り着いていない、というわけは私の書くものがつねに空間化されるもの、その傾向があったからですが、また同時に私がそこへ辿り着いていないというのは、まだそこまで辿り着いていないということと、私にとってはいずれにせよ絵画それ自体について書くことは不可能だと思っているからです。そんなものが存在するとしての話ですがね、絵画自体というものが。すでに何かのエクリチュール、何かの言述《ディスクール》によって手を加えられていないような絵画が。実際には、私が絵画あるいはデッサンについて仕事をしているように見えるたびごとに、まあいくたびかでその数はとても少いのですが……それは根底では他の諸分野に暗喩的に当てはまる諸問題を提起するためだった。つまり署名の問題、額縁（cadre）の問題、縁《へり》（bordure）の問題、結局は線と色彩のあいだの関係の問題、それからリズムの問題もそうですね、それは本来、単に音楽的なものでもなければ単に絵画的なものでもない——、というわけで私は……私は絵画にはたいへん気おくれしているんで、とても……それについて語れるという気がしないんです。

豊崎——それから……あなたはずっと絵はお好きでしたか？

デリダ——えー……私には自分が絵が好きなのかどうかわからない、私は（笑いを含んで）……或る種の作品との関わりはありましたが、でも……

豊崎——その意味では、あなたは文学が好きだという風には言えますか？

デリダ——……わかりませんねえ。自分がそう言えるかどうかわかりません、文学が好きだとか絵が好きだとか……　私は自分が或る種の……或る種のそう言ってよければ書きこみ（＝記銘、刻記——inscriptions）——この言葉を広い意味にとるにせよ狭い意味にとるにせよ——、或る種の書きこみによって、書きこみの或る種の仕種ないし達成によって挑発されるのを感じますが、それらは或る場合には文学の形、或る場合には絵画ないし音楽の……あるいは演劇の形をとり得る……けれども私は例えば文学一般に興味を持っているとは思いません。絵画一般に興味を持っているとは全然……

豊崎——えー……たしかあなたは数年来ひとつの、あるいはいくつかのセミネールを続けておられましたね、総題が「物」(La Chose) という。そこで問題にされているのは——そのお話は前に伺ったことがありますが——ハイデガー－ポンジュ、ハイデガー－ブランショ、等々で……それにたぶんハイデガー－フロイトですね、『絵葉書』におけるように。正直のところこの領域では私は……たいへん……いささか居心地が悪い感じがする、私は哲学にあまりくわしくありませんので、しかしとにかくハイデガーの話をしていただきたいと思います、というのもハイデガーはあなたのさまざまなテクストの中でコンスタントに、そればかりかますます問題になってきているからです。えー……これはいささか、いささか広大すぎる質問ですが、……こう言いましょう……特にこの「物」というセミネールについて話してください。

デリダ——その点で私たちは翻訳の問題に帰るわけです、たぶんそこから片時も離れたことはなかったのですが……えー……たまたま例えばハイデガーの場合において、物についての彼の省察は……言語についての省察から分ち得なかったということがある。えー……人は通常、言語に無縁な何かがあるとすれば、それは物であると考えたくなりがちだ。ところがまさしく、言語の歴史に何ものも物ほど密接に結びついてはいないということに気づく。単に物という言葉あるいは物についての思考だけではない。そして、ハイデガーにおいて私の興味をひいたのはですね……それを考えようとする努力です。ギリシア語、ラテン語――res, causa――、ドイツ語――Ding――を通してね、そしてどの場合にも、哲学が、とりわけラテン哲学が物を考えようとするにあたって、えー……基体（substrat）あるいは実体（substance）の哲学的解釈から出発したということを示そうとしているのですが、ハイデガーに言わせれば、起源において物というのは、それをres（事物）と解そうがcausa（訴訟、原因）と解そうが、Dingあるいはthing――古ドイツ語から英語になった――と解そうが、人がそれについて語るところのものだった。問題をなすところのものであり、そして一種の裁判、あるいは論議、あるいは係争のようなものの中に人々を彼らの関心――たぶんそれは関心が物として語るわけですが——において集結させるものだった。物とは語るところのものであり、語らせるところのものだった。したがって人は言語ぬきで物を考えることはできないのです。そこで私は例えば、こうした物の問題群、ギリシア的、ラテン的、ゲルマン的西欧がそれによって物を、物へのみずからの関係をですね、考えてきたすべての言葉を日本語でどんな風に翻訳するのかは知りません。

そこで私がそのセミネールでしてきたことというのは、ハイデガーの足跡を物への彼の問いかけにおいて追うことであり、つぎにそれと並行して、ときには目に立つ接触点なしであるいは表立たない〔＝地下にある〕いくつかの接触点を通して、えー……言わば物を、あるいは物の要求、物に対して負債のある状態を語らしめることでした、ポンジュにおいて——彼がどんなにさまざまな物（les choses）を、〈物〉（la chose）を相手に闡明を行なおうとしたかはご存じの通りですが——、ブランショにおいて、フロイトにおいて。そしてオブジェ（品物）ではないところの物、ただ単に……可感の基体ではなしに、私たちに負債を負わせる他者であり、それは私たちをして語らしめるのですが、そういう場合フランス語でそうするように大文字のCで書かれる物はですね、私を実際、私を……また何年かのあいだそちらへ向わせたのですが……それに私はこの問題にけりをつけたと言うつもりはない、それどころではないのです。いずれにせよここ数年来私は、物に関して、あるいは物から出発していくつかのタイプのアプローチ、いくつかの「言語」ですね、いくつかの語法《イディオム》をいっしょにはたらかせることを試みてきました。

例えば「藝術作品の起源」の中で、ハイデガーはいかに物の物性《もの》(Choseïté)、物が物であるようにするところのものが、哲学によって蔽われてきたか、概念によるのと同様に……ヒュポケイメノン(ὑποκείμενον)とシュンベベーコス(συμβεβηκός)、つまり実体と偶有性ないし属性、あるいはまたヒュレーとモルフェーつまり物質と形、あるいはまた可感《サンシーブル》なるものと理解可能《アンテリジーブル》なもの、つまりアイステートン(αἰσθητόν)―ノエートン(νοητόν)といった対立項の下に蔽われてきたかを示しており、そしてこれらの対立項は、ハイデガーに言わせれば、物にふりかかってきて、そのためにそれらの対立項に還元されない物の思考といったものを隠蔽していたのです。そして逆説的にも、フロイトやラカンの側の精神分析は、目覚めさせたんですね、ハイデガーとの一種の……集中作用によって、このう、語らしめるものとしての、われわれを問いただすもの、それに対して人が答えるもの、それを前にして人が或る意味で責任があるものとしての「物」の問題群を目覚めさせたんです。

豊崎――私の最後の質問はいささか、いささか陳腐に見えますが、あなたが……何人かの同時代者に対してどのように自分を位置づけられるか……えー……何人かの同時代者、フーコー、ドゥルーズ、そして……ミシェル・セールのような人々をどう考えておられるか、お訊ねしたいと思います。

デリダ――これはどうも、あらゆる種類の理由で難しい質問ですね（笑い）……えー……そのためにはもちろん……

豊崎――ちょっと待ってください、失礼……私の思うには、あなたはフーコーからはますます遠ざかっているし、ドゥルーズとはとにかく或る種の類縁性がある……例えば……機械の概念などに関してですね、そしてセールとは、私にはとにかくあなた方を近づける一つの角度が見出される、単に -duire で終る一連の言葉、conduire（導く）、traduire（翻訳する）、séduire（誘惑する）といったものを通じてだけでもですね。

まあ結局これは……私にはこれがたいへん答えにくいことはわかっていますが、それでも手短かにやってみていただけますか。

デリダ――それは、あなたが名前を挙げた人たちの一人一人に対する関係が当然のことながらたいへん違っているだけになおのこと難しいんで、その点そのような違いをよく捉えるためには、そしてあまりに漠然と、あまりに不正確にならないためには分析を研ぎすまさなければなりますまい。

私は思うのですが、或る意味では、あなたが名前を挙げた人たちの、それに私の、テクストの中で言われていることのすべては同じなのです。或る意味ではそれ、それは同じもので、それが違った語法《イディオム》で分配されているのです。そして私は思うのですが、或る程度の歴史的、地理的、文化的距離を置けば、人はそれらのテクストのあいだに微小な違いしか、全体として同じ一つの歴史‐文化的有機体の諸徴候であるテクストしか見てとらないかも知れないので、思うにそれらのテクストあるいはそれらの名をみんな集めた場合、何かしら類似したものがそこに生じているというのは不当ではないと思うんですよ。

しかしパラドックスと言うべきなのは、こうした同一のものへの近接性あるいは所属がおよそ最もこの……いろんな差異、絶対的な非通約性とですね、相容れないわけではないということです。私が今しがた、それはそれぞれ違ったイディオムで翻訳されていると言ったとき——しかし或るイディオムともうひとつのイディオムのあいだにこそおよそすべての違いが存在するということは周知のことですが——、そのとき私のセール、ドゥルーズ、フーコーとの関係はこのパラドックスの刻印を打たれており、私が感じているような関係というのは極めて近接した……このう……三人のおのおのに対して違ってはいるが等しい近接の関係で、それでいて私は自分がまったく別の言語を話している、まったく別の身振りをしているという感じがしています。えー……ここでもまたことは翻訳の論理にかかわっていると思うのです、それに三人ともなんらかの仕方でそのことを語っていますがね、ことにセールが。それらのテクストすべてのあいだには、翻訳の諸関係がある。そこでそうした翻訳によって同一のものが運搬され（transporté）得るし、それから……還元不可能な仕方で変容され、変更されることがあり得る。私がこういうことを言っているのはあなたの質問から逃げるためではない、それを避けるためではなくて、私にはとりわけ即興でものを言っているときに、それぞれのケースについて鋭く適切なことは言いにくい感じがするからなのです。実際私にはあなたが例えば、ドゥルーズとの関係がたぶん……なんというか……よりいっそう重きをなすとお考えになるのは正しいと思う、ドゥルーズへの近接性が、フーコーあるいはセールへの近接性よりもいっそうですね、思うに……でも結局、私はまた相当な違いも感じるのです。それは位置や内容によるとかそれについてという以上のことなんですよ――そしてだからこそ私は語り口、イディオム、文体を強調するんですが――、だからといってドゥルーズの、さらにはセールあるいはフーコーのテクストの内容について私には何も言うことはないんですがね、全体として、大よそのところ、私は賛成ですよと（笑い）容易に言えます。けれども問題はまさしく内容じゃない、問題はことを行なうやり方の、そうした行ない、書くやり方に内包されている評価の問題なんで、その点私の思うに、われわれが同じやり方で書かないということ、同じ誘惑の場面によって誘惑せず、満足しないということはなんら偶発的なものでも無意味なものでもない、或る者はこんな風に誘惑する、あるいはこんな風に誘惑される、あるいはこんな風に自分をね、誘惑する〔＝逸脱する〕、一方もう一人はあんな風に自分を誘惑する、とこうした違い、これこそ違いのすべて〔＝根本的な違い〕なんですね。そこで、こうした違いを前にして、私はなんらかの評価、なんらかの立場の決定に踏み切ることはできない、私は……もちろん、ことはこういう風、こういう風なんで……おのおのにそのイディオム、その来歴があり、……私はこんな風に書くことによって或る種の欲望、或る種の特異質のファンタスマを満足させているはずだし、ドゥルーズはあんな風に書くことによって彼なりのそうしたものを満足させている、そこでわれわれが根底ではたぶん同じことを言っているということは、おのおのの場合におけるこの……こうしたイディオムによる誘惑（笑い）に比べるとどちらかと言えば二次的なことなのです。こうしたことを言った上で、私は一個の分析、一個の歴史的巨視分析《マクロアナリーズ》が今しがた私の言ったこの類縁現象に興味を抱くべきだろうと思うのです、つまり何が、或る特定の社会‐文化的全体においてと言いましょうか、フランスにおいて、世界の中のフランスにおいて、一九六〇年から一九八〇年にかけて起ったがゆえに、こうしたものが茸みたいにね、にょきにょき生えてきて、或る意味で相似ることなく相似るに至り、しかもそれは……別々には生えることも知覚されることもできないものなのか、とね。こうしたことはいったい何を……歴史的《イストリック》、画《かく》歴史的（イストリアル）、政治的、その他の視点からすれば意味するか……えー……そこでもちろん私は安易さからこう言いたい気持になる、それをするのは他の連中の仕事だとね今か、もっと先か、とにかくこうしたことを一個の総体として知覚し、一個の総体として分析するのは他の連中の仕事だ、と。でも私はそれは安易なことだと思う、それはこれらの試みそれぞれ——あなたはそのうちの三つだけを引き合いに出しましたが、他にもまだ引き合いに出せるでしょう——の内部において、これらの試みそれぞれを通じて、総体のシステムを考えようとする一個の努力があるというね、事実をないがしろにすることになると思うんで、ドゥルーズの仕事には機械の総体を考えようとする努力があるし、フーコーにおいても、セールにおいてもそうだ。そしてこの総体を考えようとするやり方は、たとえそれが全体化的言説ではなくとも——こうした言説のどれひとつとして全体化的言説ではないけれども、それでもとにかくそれらは、それらなりのやり方で、システムというものを、全体をではないまでも、理解しようと試みている。さて、彼らがその中にいるグラウンドへのこうしたアプローチはなおまだ……なんと言うか……なおまだ彼ら自身のイディオムの内部で翻訳されています。ドゥルーズには自分が属し（書きこまれ）ているグラウンドを考える彼なりのやり方があり、セールには彼なりのやり方があり、といったぐあいで、それらは排除し合うものではない、けれども補完し合うものでもない、と言いたいのです。それらが補完し合うなどと言うことはあまりにも安易すぎるでしょう。それらは排除し合わず、補足し合わない――これは言語間の、二つの異なる国語、フランス語と日本語のあいだにあるような関係であって、翻訳における透明さを言うことも、排除、不透明さを言うこともできない、ということはなんらかの翻訳があるからで、やがてあなたが翻訳をすれば、この対談から何かが起るわけですね、ですから透明さはなく、排除はなく、また相互補完性もない、そうしたものは全体を形作る部分ではなくて、そこには別の関係……違いの、散逸の関係があり、それは全体化することもできなければ、また全的に……全的な分離のものではない。この……こうした謎めいた構造こそ、あなたが今しがた挙げられたようないくつかのエクリチュールをいっしょにする場合に、どうしてもこうした比喩形象の使用を余儀なくさせるものです。

豊崎——そうですね、……私としては大体この辺で終りにしていいと思います。えー……最後に……レヴィナスについて一言、この人はあなたにとって格別に重要な思想家で、あなたは彼についてすでにこの、一篇のたいへん長い、たいへん見事なテクストを書いておられますが、できれば彼について話して下さるようお願いします……まあできればですが。

デリダ——ええ、レヴィナス、彼について手っとりばやく話すのはたいへん難しい。レヴィナスは私たちが今しがた話していたグラウンドに属することなく属しているんですね。私にとってはもちろん……

豊崎——彼はさっき名を挙げた三人の著者よりもはるかにあなたに近いですか？

デリダ——私としては、今度もまた逃げる気ではなくて、然り《ウイ》と同時に否《ノン》であると言いたいのです。えー……そうです《ウイ》、それが痕跡の思考、他者の痕跡の思考、あらゆる経済、あらゆる哲学的体系化に絶対に還元不能な一個の他者への関係の思考であるかぎりにおいてね、それに私はそのことを何度かにわたって言っていますがね、レヴィナスは私にとって大いなる思考、思考への大いなる挑発であり、ハイデガーおよびブランショの思考と同じくらい私にとって重要なものです。或る程度までは、類縁性、近接性の点では、私は自分がレヴィナスの方へ、ブランショやハイデガーの方へよりも、ついさっきあなたが名前を挙げた人たちの方へよりも向いていると感じます。とはいうものの、教育、文体によって、フランスのグラウンドへの或る種の所属によって、私はまた或る意味ではるかに多くの共通点をドゥルーズ、フーコー、セールとのあいだに持っている、それがなおさらなのは彼らには一種の……なんと言うか……、これはまた世代の現象でもあるのは確かなんですね、一つの自由あるいは距離……レヴィナスにおいて残っている……えー……神学的とは言いませんが、宗教的なところに対してのね、むろんいかなる安易さもないし、いかなる……

豊崎——宗教的というのはかなり広い一般的な意味ですか、それとも……

デリダ——それは……彼において、宗教的なるものと倫理的なるものは分ち得ませんね。もちろん、私はこの二つの一族に所属していると感じている、そういう気がしているんですね。一方では私はドゥルーズ、フーコー、セール、その他何人かの一族に所属していると感じている、それから同時に、私の来歴、私の教養等がレヴィナスにおいてユダイスムと宗教に向けられているものから私をはるかに遠ざけるとはいえ――私はユダヤ人ではありますが、或る点でユダイスムに対しては自分がたいへん異質だと感じるのです――、というわけで私はレヴィナスから遠いと感じるのですが、それでいて彼のテクストにおいて考えられているものは私を……私をこれまたたいへん強力なやり方で挑発するのです。ここで私はあなたにもちろん一方向的《ユニヴォク》〔＝一辞一義的〕ではない、首尾一貫していない答えをしていますが、それは……それは……自分がその中にいる状況を叙述しているからなんですね。私は一方とも他方ともたいへん近く、かつたいへん遠いと感じている、それは本当なんで、そんな風に、私は彼らへの自分の関係を感じとっています。私には、また誰も、この両義性《エキヴォク》〔＝曖昧さ〕を還元してしまうことはできないのです。

豊崎――たいへんありがとうございました。ジャック・デリダ、私たちの対談全体にたいへん満足しています。

（一九八〇年一一月六日、エコール・ノルマル・シュペリユールにて――この日、同じ構内の、言わば目と鼻の先にいたはずのルイ・アルチュセールが、約半月後にあの悲劇をひき起こそうとは、誰一人知る由もなかった。そしてアルチュセールの最も忠実な友の一人であるデリダにそれがいかに激しい悲しみをもたらすことになるか、ということも。）

（訳＝豊崎光一）

監修者註

＊1　Jacques Derrida, *Positions*, Éd. de Minuit, 1972.（ジャック・デリダ『ポジシオン』高橋允昭訳、青土社、一九八一年）。

＊2　Jacques Derrida, *La Carte postale — de Socrate à Freud et au-delà*, Éd. Flammarion, 1980.（ジャック・デリダ『絵葉書Ⅰ　ソクラテスからフロイトへ、そしてその彼方』若森栄樹・大西雅一郎訳〔第一章「送る言葉」のみ収録〕、水声社、二〇〇七年）。

＊3　Jacques Derrida, « Survivre », in *Parages*, nouvelle édition revue et augmentée, Éd. Galilée, 2003.（ジャック・デリダ「生き延びる」、『境域』若森栄樹訳、書肆心水、二〇一〇年、所収）。

＊4　Jacques Derrida, *La vérité en peinture*, Éd. Flammarion, 1978.（ジャック・デリダ『絵画における真理』（上）高橋允昭・阿部宏慈訳／同（下）阿部宏慈訳、法政大学出版局、一九九七年／一九九八年）。

＊5　Jacques Derrida, « En ce moment même dans cet ouvrage me voichi », in , *Psyché. Invention de l'autre*, t. I, nouvelle édition augmentée, Éd. Galilée, 1998.（ジャック・デリダ「この作品の、この瞬間に、我ここに」、『プシュケー　他なるものの発明　I』藤本一勇訳、岩波書店、二〇一四年、所収）。

＊6　この対話の初出＝『海』一九八一年三月号には、「おくることば *Envois*」（監修者註＊2参照）の豊崎による抄訳が掲載されている（二八一―三一一頁）。

2　哲学とパフォーマティヴ

豊崎――われわれの対談は《double séance》(ふたかさねの会、催し)の形をとることになります。謂わば「日本、以前と以後」*Le Japon, avant et après* とでもいったものです。(私としては、今日のところは、日本について直接語るつもりはありません――もちろん、あなたがそうされたいのであれば話は別ですが。)

それにはいくつかの理由があります。

われわれはもう以前に、はじめ一九八〇年の夏スリジー〔・ラ・サル〕の合宿討論会《コロック》colloque の機会に予定されていた、われわれの最初の対談で、この形式を採用することについて合意に達していました。ご存じのような差し支えが起ったために、この計画はそうした形では実現をせず、結局別の形――つまり一回きりの対談という

――で、もう少しあと、一九八〇年の十一月に行なわれました〔『海』一九八一年三月号〕。ですから今回は、この昔の計画を再びとりあげたわけです。この対談の前半部は今日行なわれ、後半部はあなたが日本から帰られてから行なわれることになるでしょう。

しかし私としてはそのためには、この double séance という形式を選んだについては、まだほかの理由があります。

この対談を読むかも知れない人たちのために《double séance》というのが一個の引用、あなたのテクストの一つの引用であるということを思い出しておくのが必要かと思います。それは、たしか一九六九年に行なわれた二つの講演（séance）の総体で、のちに『散種』に収録されたものです。

あなたのお書きになるもの、ことに最近のものが、数と無関係であることは稀です。そうした数のうちで最も重要な――少くとも私に言わせれば最も重要な、いずれにせよ最も繰り返し出てきて最も目立つのは三と四でしょう。私はすでに別の所でそれに触れたことがあります（注1）。ところで、三と四が、なにも隠しているとは申しませんが、より目につかなくしているのが二という数で、これは、おそらく、あなたにおいてよりいっそう第一義的 primordial なものでしょう。三はしばしば二足す一の、そして四は二掛ける二の形をとるわけですから。

けれども、たぶんはっきりさせておかなければならないのは、数はあなたにおいてなんら一個の神秘学、例えばピタゴラスにおけるような神秘学に結びついているのではないということです。あなたにおいて数には意味がない、という意味は、それが安定した、反復可能な内容ないし概念に対応しているわけではない、ということです。

二という数は、いずれにせよ、あなたのお書きになったいくつかのテクストにさまざまな形でたいへんよく出てきます。（*La double séance* 以外に私が頭に浮べるのはとりわけ *Tympan*（鼓膜、三角小間……）、*Glas*（弔鐘）、『絵葉書』といったものです。）例えば——double（分身）、dualité（二重性）、duel（一騎打ち、決闘）、敵同士の二人兄弟、対話《ディアローグ》、手紙の送信人と受取人、double bande（二重の欄、帯）、ダブル・バインド（注2）、等々です。

それと私が付け加えたいのは、*La double séance* というテクストが、反復——マラルメにおける反復、デリダにおけるマラルメの、デリダにおけるデリダの反復——を

performしていたということです、この反復というのはあなたにおいて極めて重要な観念ないし契機なのですが。Performする（performer）という観念についてはすぐ先で立ち戻るつもりです。

ところで、私の質問はここから始まるのですが、一個の対話《ディアローグ》の中で二という数について語ること、語り始めてしまったということは、*La double séance*において大きな役割を演じている語を再びとり上げるならば、ミメシスの実践の手はじめのようなものです。

少し違った水準においては、これはあなたがここ数年、より頻繁に使っておられる語なのですが、performすること、パフォーマティヴ（〔仏〕performatif――〔英〕performative）です。

また別の角度からすれば、翻訳されることに向けられた（destiné）対談において翻訳を語るということ――これはわれわれの最初の対談におけるケースですが――は、すでに一個のパフォーマティヴの形であったと思います。

（私はなにもミメシスとパフォーマティヴとが同じものであると言う気はありません。

そのうちのどちらがどちらを包摂しているのかは分りませんが……　いずれにせよ、私にとって、ミメシスとは perform することの一つの形であると考えられるのです。）

事実、あなたのエクリチュールの最も目立つ（marquants——刻印を記す）特徴の一つ、あなたのエクリチュールをそれと示し、それに署名を与えているのは、そのエクリチュールがそれの叙述する対象および情況をパフォームしていることです。それは、それが叙述するところのものの形と構造を、もろもろの襞（plis）と係り合い（implications）とを取り込み、採り入れ、引き受け、それと合体しさえするエクリチュールです。私にとってはそこにこそ、あなたのエクリチュールにおいて私がいちばん敏感であり、あり続ける特徴があります。私としては、自分の批評的テクストにおいて、つねにパフォームすることの実践を試みてきました——ここで言う私のテクストには、あなたの諸テクストについて書いた『余白とその余白または幹のない接木』も含まれているのですが。

ところで、パフォームすること、パフォーマティヴ、これは私には本質的に文学において、とりわけ詩において見出される言語の形であるように思われます。けれども、学問的言説において、哲学的言説において、ということは真実〔真理〕を目指し、述べる言説においては、これまでパフォームすることは、避けられ無視されてきたと思われます、というのは、一個の対象、一個の状況について真実を述べるためには、そうした対象、状況を叙述する言語は必然的にそれらの外に位置せねばならず、そうした対象なり状況に係り合って（impliqué）いてはならないと考えられていたからです。

そうなってくると、あなたの「哲学的」言説は、ときとして「文学」に近づきつつ、自らを真でも偽でもないものでありたいと欲する言説であると見做され得るでしょう。

結局のところ、パフォームするとは、あなたにとって、なかんづく、構築解体（déconstruire）[*1]するための一つの戦略なのでしょうか、ということはつまり、破壊（détruire）するのではなしに、その構築の足場を宙吊りにして骸骨じみた構造が見てとれるようにし、そのことによって真実の非存在という真実が露呈されるのを加速することでしょうか？

（このことは不可避的に、バベルとアポカリプス——その意味するところは啓示、露呈ですが——を思わせます。）

それにまた、こう考えることもできます、そこにあるのは曖昧〔両義的〕な仕種である、というのはその仕種がいつまでもきりなく終末を、哲学の終末、言語の終末を告知し、そして同時に、あるいはまさにそのことによって、無際限に哲学を、言語を延長して、それらの生存（survie）を保証するものであるかぎりにおいてです。

別の言い方をすれば、パフォームすること、この一種の自己言及は、人が語るとき絶対的に不可避な、必然的なことなのか、それは一個の法〔掟〕、言語活動の法そのものであるのか、ということです。

あなたに言葉を譲る前に、こう言いましょう、私にとってこの対談はすでに、あなたを citer し、traduire する一つの機会であると――この二つの語の通常の意味〔引用する、翻訳する〕においてであることはもちろん、私がスリジーですでに触れたその法律的な意味〔出頭する、喚問する〕においても、と。（注3）

デリダ――ありがとう……まず真先にあなたにお礼を申し上げつつ、私が気づく（remarque）のは、あなた自身が今しも、あなたの言っていることをした、私がし、あるいはあなたがしてきたことをした、ということです、つまり、あなたの問いを生み出し準備しているところのものは一個の明晰で興味深い分析であるばかりではなしに、パフォーマティヴというこのカテゴリーに属する一個の仕種、あなたが今しも、それもたいへん……見事な、そして私に言わせれば究極のところたいへん充足的な仕方で位置づけたパフォーマティヴというカテゴリーに属する仕種でもあり、充足的であるということはつまり、もちろんそれは一個の問いであり、いくつかの命題＝提言から成る一個の全体なのですが、それが……この……それ自体で充足しており、たしかに答を求めはするけれども、それは決してこの……あなたが言われたことを補足するためではなしに、ただ単に、あなたが今言われたこと、私の眼から見ればそれ固有の輪郭をそなえてたいへん……たいへん適切な分析であると思われることへのリマーク（remarque）として、私が付け加えることもできよう何かとしてなのです。〔あなたの言われたこと〕それはそれだけで一個のテクストです。

そういうわけで私は、答えたり補足するのではなしに、今度は私の方で、あなたが私を誘って下さったパフォーマティヴな戯れに仲間入りすることを試みようと思います。それに、おそらくディアローグとはそうしたものでしょう。

私としては、それを二つに分けてしようかと思います。まず第一に、あなたが数について提出された最初の一連の命題について、次にたぶんミメシスとパフォーマティヴについて、あなたと対話することを試みようと思うのです。

事実、私はまったくあなたと同意見なのですが、私の数に対する……或る種の数に対するコンスタントな関心は、かつて一度も神秘的ないしオカルト的な数理学(arithmétologie)のスタイルを帯びたことはありませんでした、ほとんど一度も、と言いましょう。私はしばしばそのことを……ことに『散種』において強調してきました、それはそれほど興味のあることじゃない、とね。とはいうものの、『絵葉書』の中には、或る種の数……ことに七という数と或る種の数的暗号とについていくつかの動きがあって……

豊崎――……七という数は言い忘れたのですが……それはあまりに明白だったからなんで……それに……〔七は〕三足す四ですしね……

デリダ――……そうです……で、そうした動きというのは、まったく神秘的ではないと思いますけれども、といって単に……このう……合理的あるいは知ないし数学ないしし何かの論理の領域に属するものでもない……こう言いましょう、それらの動きは、多少の差はあれイロニックないしミメティックな仕方で数理学と、*flirt* するものであり、とね。いずれにせよ、『絵葉書』のテーマというのは……ときとして……あの……宛先＝送付（destination）の数的暗号化のそれです。いずれにせよ、そこには数に対する一個の関心があり、それは、ときとして、神秘学と……神秘学に似た何かと戯れるものでした……

　このことをはっきりさせた上で、ちょっとのあいだ、あなたが二、三、四という数について言われ、私にはたいへん……正鵠を射ていると思えることに戻りますと、三については、もちろん、たぶんいささか安易で常套的な仕方で私はそれを、あるいはキリスト教の三位一体、あるいは弁証法の方向に整理分類してきたのですが、これはたぶん、三を片づけるいささかこともなげな仕方でした。これに反して、二と四とはそうした仕方で整理分類するわけにいかないものでした、四という数は、ただ単にそれが二掛ける二あるいは三足す一であるからというばかりではなしに、それが開かれた四辺形（carré）の、枠＝額縁（cadre）の、隔たり（écart）〔注――いずれも四（quatre）の同根語〕の構造ないし論理と、いささか円と似たところのある、ね、三という数の閉鎖性にまさしく抵抗するものの構造ないし論理と戯れるものだったからなんで、したがって四という数はしばしば私にとって構築解体（déconstruction）の一個の道具……一種の……何と言うか……三の閉鎖性に対する戦いの装置だったのです。……三つ一組（トリロジー）、三位一体、あるいは弁証法に対する戦いの武器のようなものです。ここで私はことに「散種」*La dissémination* と題されたテクスト〔『散種』所収〕*2のことを考えているんで、そこでは第四の辺、第四の次元は何ものかが閉鎖されること、歴史が自己自身に閉じ合わされ円環を描くことを妨げるところのもの、円環的循環を中断するところのものだったのです。

二という数について言うと、これは事実、反復の、タブル・バインドの、或る種のディアローグの、或る意味では差異〔＝遅延作用〕différe/ance の数ですが、私はこうしたすべてのモティーフに、あなたが直接名指しはせず、単に間接的に暗示した一つのモティーフを付け加えることができるだろうと思うので、そのモティーフとは分割可能性（divisibilité）です。ご存じのように、多少とも最近のものである〔私の〕多くのテクストにおける構築解体の戦略は文字＝字面（lettre）の分割可能性に依拠（consisté）し、それを、強調（insisté）してきました。そしてもちろん、そのことは、人がいかなる瞬間においても一個の原子的要素に歩を止めることはできないということを意味しています、そしてこの不可能性こそ、多数の理論的帰結を哲学的、精神分析的、一般に理論的一体系について産み出してきたものなのです。で、数多くのテクストにおいて私はこの lettre の分割可能性というテーマを強調してきたわけですが、それが最初この形のもとに現れたのは、ご存じのように、あのラカンの読解、『「盗まれた手紙」についてのセミネール』の解釈においてでして、私はまさしくそこで、ラカンにおける lettre の atomystique と私が呼んだところのもの、つまりアトムの神秘学、分割し得ざるものの神秘学を問い糺そうと試みたのですが、これはラカンが彼の精神分析の理論づけ全体を構築するために必要としていたものでした。私の思うに……最終至高の要素、つまりここでは lettre ないし marque（しるし、刻印）が、つねに分割可能であるということを想起しあるいは証明するということ、これは言説、理論、エクリチュールにおいて実に数多くの帰結を連鎖状に生み出すものです。そこで二は、二が意味するのは、一が二に分割されるということ、或る意味では一というものはない、一というものの諸効果はあるけれども、実体……アトム的、したがって分割不可能な実体はない、ということになる。「私の幸運」*Mes chances*（注4）というテクストにおいてこのことは支配的なモティーフであって、つまり私がそこでしているのは、原子説、原子説的、デモクリトス的伝統を相手どった一種の闡明なのですが、で……それを私は原子説に反対してかなり激越に解釈展開している……いや私はこの伝統からそう言ってよければその偶発的なもの、クリナーメン、幸運の援用を保存する、そこから帰結するあらゆることを含めてね、でもそれはたいへん逆説的な仕方でなんで……このう……私はなんと言うか……私は……この伝統の原子説的、謂わば分割不可能説的遺産に対してはあまり恭々しくない態度をとっているのです。そしてもちろん、この lettre の分割不可能性というテーマ系の困難というのは、たしかに一方ではそれが散種、分割としての散種——このことは分散を前提しますが——のテーマと首尾一貫しているにしても、それでもなお私は同時に……散種の謂わば……狂気をもしるしづけようと試みているのです……つまりこの……散種あるいは分割可能性というもののね。この狂気はなにも特異＝単一性、あるいは唯一性を否認したり取り除くことに存するのではなくて、まったく逆に、つまり私が思考しようと試み、私にとって思考することが極めて難しく、私が絶えず明言していることというのは、散種の思考、分割可能性の思考であるところの散種の思考はそれでもなお唯一性（unicité）の思考であるということなのです。特異＝単一性（singularité）の。出来事のね。そしてまた……人は……分割可能なるものと唯、一、な、る、も、の（l'unique）とを同時に思考しようと試みなければならない、したがって唯一なるものを一（un）という数として、そう言ってよければ唯一なるものを単位＝統一的（unitaire）な数として、一なる（unaire）数としてですね。狂気とは一、回、か、ぎ、り、ということであり、置換不可能性、例えば或る特定の宛名人の置換不可能性ということです。たとえ、各瞬間ごとに、宛先へ向ける動き、つまり発送の動き、メッセージの動き、痕跡の、刻印の動きが分割されようとも、だからといってこの分割可能性は……特異＝単一性への欲望をばかりではなしに、一個の特異＝単一性……一個の出来事、これは置換不可能で特異＝単一なものですが、それを仮面で蔽い隠すものであるということに変りはないのです。そこで、こうしたことはもちろん……なんと言うか……はじめ一見相容れない、あるいは極めて相容れにくい射程ないし次元に属するものですが、それでも私はそれらをまとめて思考することを試みたいと思っているわけなんですね。唯一なるもの、一ではなしに唯一なるものと分割可能なものとを。それは……私が狂気と言うとき、私は……この表現に悲愴なアクセントをつけようとは思わないのですが、しかしそれでも、それにすべての力を残しておきたいと思う、ということは支持し難い……合理的思考によっては支持し難い何かです……　論理によって、知によっては。さてと、これであなたの数についての第一の命題＝提言をとらえて一個のディアローグの即興を試みたことになりましょうか。

当然、ミメシスとパフォーマティヴについての第二の諸命題＝提言の系《セリー》は、第一の系とたいへん……たいへん密接につながっています。……いや……あなたがミメシスとパフォーマティヴとのつながりに関して言われたことについて私はたいへん感謝しています……それは私にとってことを大いに明らかにしてくれる、というのは私はかつてこの二つを直接関係づけたことはなかったからなんで、あなたの言われたことの中に、私が書こうと試みているものの中ではたらいている……一つの動きが私には認められるにしてもですね、けれどもこの二つの……ミメシスとパフォーマティヴというモティーフの通底化を私がかつて実践したことはありませんでした、あなたがまったく……まさに……パフォーマティヴな仕方でそうされたような風にはね。事実、パフォーマティヴという語——その由来、オースティンの言うspeech act（言行為）ですね——が私の仕事の中に現われてくるより以前から、それは私の仕事において告知されていたと言うことができます……私がエクリチュールについて語るたびごとに、エクリチュールは働く（travaille）という事実、つまりただ単に何かについての記述《エクリチュール》ではなしに、自らの道を引き（trace）、自らの道を切り拓き（fraye）、自らの行為それ自体において状況を変革するエクリチュールであるという事実を強調していたかぎりにおいてね。したがって、それは学問的あるいは事実検証的あるいは理論的エクリチュールではありませんでした。そして私が自分の初期の諸テクストを読み返してみたとすれば、遡及的な仕方で、自分が別のことを書いていた場所にパフォーマティヴと書くこともできただろうということが見てとれると思うのです、仕事（travail）

とか、生産とか、エクリチュールとか……それも……生産するエクリチュール……開道（frayage）とかいった言葉の下に……　そこで或る時期に、つまりもう十年ばかり前ですが、それ自体としてのパフォーマティヴの問題系が……謂わば私の前に姿を現わしてきた、そして私がそれを相手に闡明を行なおうとした、ということは本当です。ご存じのように、これは私にとって、或る種の……曖昧さ……或る種の不安なしには決してすみませんでした。一方において、それは私にとって、この問題系は私には今言ったもろもろのことのためにたいへん……たいへん必要であり、たいへん貴重であると見えましたが、それから同時に、とりわけオースティンにおいて、だがまた彼の後継者たちにおいても、私が抱いた印象というのは……最初の理論化をなおいっそう批判的な仕方で問題化することを欠いた場合、この問題系はパフォーマティヴという語と共に現前（présence）の、現前する行為の哲学を連れ戻すものであるということです、それに抗して私がそれまでに謂わば闡明を行なってきた哲学をね。例えばパフォーマティヴな言語行為というものはそれが言うところのことを、まさにそれが言う瞬間において、同じ一つの行為の中でしている、と言うことは、そこにあるのが一極の充実した現前、謂わば充実（plénitude）であり、その言っているところのことを言うと同時に為し、成しとげ、その成しとげるところのことを言っている一個の作業であると考えさせかねないし、私としてはそうした行為の構造は実際にはずっとはるかに複雑であると思うし、というわけで私はこのパフォーマティヴという観念を多くの……不安と……留保をもって用いてきたのです。そうはいっても、私にはやはり……そこを通らなければならない、何ごとかについて真を述べることだけに限定されず、出来事の数々を生み出すタイプの言表ないし言語行為を伝えなければならないと思えたのでした——出来事の数々を、今われわれにはもちろん列挙できない無数のたいへんこみ入った構造によって生み出す言表ないし言語行為をですね。ですが、或る種のエクリチュールのこのパフォーマティヴな実践——それは私が他にもいろいろある中で……他のいくつかと同様、それに向って努力したと言うか、実践なのですが——、このエクリチュールのパフォーマティヴな実践が同時にまたミメシスの或る種の扱い方であるということは、かなり……自明のことではなく……かなり……あなたがそれについて言われたことにおいてさえ、かなり謎めいたことです、究極的には。

なぜパフォーマティヴは、この名辞によって指されるものがどんなに複雑であろうと、なぜパフォーマティヴはミメシスといった何かに属するのか。もちろんそれは……ことは模倣としてのミメシスではない、つまり……物を模倣する言説、あるいは物を写す反復としてのミメシスではなくて、ミメイスタイ mimeisthai〔真似すること――ミメシスの語源〕において、ことははるかに複雑な関係なのです。擬態（simulacre）の関係というか……それはむしろ……何かをするふりをする仕種であると同時に、一度に二つのことをすることとしてのミメシスです。例えば、マラルメについて語りつつも、スタイルにおいてマラルメ的であると共に……時を同じくして何か……別のことをするような一個のテクストを書く、といったことですね。それはむしろ分割可能性としてのミメシス、このう……繰り返し、反復としてのミメシスです……　結局のところ、ミメイスタイにおいて、反復が問題になるより以前に、原初のミメシス――といったものが存在するとしてですが――において何が起きているのでしょうか。そこで起きているのは一種の……分割、一の二への、一と考えられているものの二への分割であって、その結果二……二……なんと言うか……二つの……「もの」、二つの事項、二つの斜面、二つの面がたがいを反映し合い、したがってたがいを真似し合い（se simulent）、そして同時にそれぞれまったく別ものであり、まったく別々である、といったことです。二つの仕種、口にされる二つのことは duplicité の関係です、二重性（dualité）の意味における同時に……この duplicité という語の……いささか心理的かつ倫理的な意味〔ふたごころ、不実〕においてね。そうすると私の実践しているパフォーマティヴィテイ（performativité）というのは一つの……この視点からすれば……それは二重＝ふたごころ的である、ギリシア風に言えば hypocrite となるでしょう、すなわち仮面をかぶっているという……つまりこの……役者の演技……ヒュポクリトスというのは仮面をかぶった役者のことですから。それはどんな人間かと……それに、たしかにこの〔ヒュポクリトスという〕語は、ミメシスについてのプラトンのテクストにおいては、まさしく、他者の言葉を伝え、引用することに満足せず、それを大っぴらに直接話法〔一人称〕で唱える役者の態度を定義しているんで、これこそイポクリジー（偽善）というものではないでしょうか……ミメシス的偽善ですね。さて、ところで、パフォーマティヴというのは……一種の……それに似たことです……それはミメシス的パフォーマティヴであってね、そこでは人は……他人をして語らせるわけです、けれども他人をして語らせることによって、人はその他人（autre）の代りに語り、別様に（autrement）語るわけなんで、そこには一つの……極めて人を戸惑わせる、ないし居心地の悪い場面があって、そこでは結局自己同一性、客体の同一性、主体の同一性、相手〔＝宛名人〕の、照合対象〔指示物〕の同一性が怪しくなる……不安定ないし決定不可能になるのです。〔……〕いずれにせよ、私の思うに、あなたの言われたことは、このミメシス的パフォーマティヴィティとでも言うべきものが構築解体の戦略の一つの……一つの肝心要の仕種であるということからして、思うにあなたの言われたことというのはまったく……まったく重要です。私は事実思うのですが、構築解体とは、その否定的な見かけにもかかわらず、そのような仕方で進むものであり、そして新しい諸状況を生み出すのです……そうしたパフォーマティヴな作業から出発して。これは状況を抹殺してしまう動きではない……状況を破壊し、宙吊りにし、無に帰してしまう動きではなくて、新たに、新たなしるし《マルク》、新たなテクストの数々を生み出す動きであって、これはわれわれが置かれている歴史的状況内において、われわれが語っている伝統から出発しては可能ではなく、このミメシス的パフォーマティヴの道に沿ってしか可能ではないものなのです。そして、最後にもう一言、えー……あなたは自己参照〔＝言及〕的（auto-référentiel）パフォーマティヴを語られた、で、私にはそのわけがよくわかります、それはつまりパフォーマティヴというのは、何か或る文章が……言表、あるいはより一般的にエクリチュールが……自らについて語る、自らを書いてゆくもののように語り、したがって或る意味でそれ自体に自らを参照するものでもあるわけですから。けれどもそれと同時に、さまざまな理由……先ほどわれわれが話題にした分割可能性から来るさまざまな理由から、同時に言いたいのは、何か或るテクスト、エクリチュールが、パフォーマティヴが、自分自身に自らを反映すること、つまり反映的かつ自己鏡化的な仕方で自分自身に自己同一視することはですね、可能ではないということです。ですから私は純粋な自己参照＝言及は不可能であると思います。自己について語る一つの動きがある、けれどもそれは同時に追放と他化＝変更（altération）の動きでもある。ですからそれは、何はともあれ、自己参照＝言及とは別のものでもある、だいたい以上がですね……つまり私が……パフォーマティヴとミメシスについてあなたの言われたことへの欲として示唆したいと思うことです。

豊崎――私がとりわけ知りたいと思うのは……この自己参照＝言及的パフォーマティヴが……このう……言語活動のとり得るもろもろの形のうちの一つであるのか、あるいはそれが一つの……言語活動一般にとって絶対に不可避的な一つの法則（＝掟）であるのか、ということなんですが。

デリダ――私の思うに、潜在的には、それはあらゆる言語活動の一つの法則です、あらゆる言語活動はそのような構造をそなえているので、いつでもそうしたことは起り得る、望むと望まざるとにかかわらず――望むと望まざるとにかかわらずね。けれども、或る種の歴史的、理論的状況において、この潜在可能性がより組織的な仕方で開発され得るということは真実です。私に言わせればより計画された、より戯れめく、より強い仕方でね。これは単に、あなたの質問への答になり得る、諸状況の一分析にすぎませんが。

豊崎――私がそのことを言ったのはなぜかと言うと、私には目に見えるからです、或る種の人たち……それに反対で、そうした立場を批判する人たちが、非難……例えばあなたを非難する……本質的に……何と言うか……哲学的言説をあまり遠くかけ離れたところへもっていって、ためにそれを窒息させ……ついには……破壊してしまうといった性格を非難することが目に見えるからです……あなたはたぶんすでにこうしたタイプの非難を受けたことがおありでしょう？

デリダ――哲学的言説の破壊についてね。

豊崎――えー……このう、自己破壊ですね……謂わば……　まあ、私としてはこの方向にあまり深入りしたいとは思わないんで、だからこの質問をさせて頂いたのですが。

デリダ――うむ……そう、実際に、いくつかの形において、私は一度ならずそうした非難に出会ってきました……フランスでもまた他処でもです……このう……ただ単に外側からする哲学的言説の破壊だけではなしに、一種の哲学の自殺、哲学のそれ自体による自己破壊……いささか手早く大ざっぱに言えば、私はそのような非難が……必ずしも……価値がないわけではないと感じています、まあつまり、まったく根拠のないものではないとね、そうした、そうした自己破壊の効果というものはあり得ます、がもちろん、私としては、私は……ことをまったく別な風に企て、かつ見ています。

つまり私にはこう思えるのです、この哲学的言説なるものは――今話題にしているのが哲学的言説だから言うのですが――それ自身のあり得べきこわれやすさ、儚さ、自己破壊、つまりは死すべき運命（mortalité）の結果においてこそ、それらへの関係においてこそ、自分自身を考えることを企て得る、自分自身を……可能な限り歴史的に聴解し、したがって、もし可能ならば自分自身に生き延び得る、自らを……単なる死の反復の彼方へと自らの歩を進めながら、と。そう言ってよければ、ここで相手どっているのは反復の二つの可能な形態であり、その二つのどちらもが死すべきもの……死すべき運命に属するものなんですね。一つには哲学的言説の可能性を決して脅かさないという口実のもとにその古文書集蔵《アルシーヴ》を行ない、それを謂わば触れるべからざる何ものかとして顕揚することで満足するたぐいの反復がある。私はこのような反復は、それが……哲学的言説の油断ない番人であり……そのチャンピオンをもって自ら任ずるときからして、この反復もまた哲学にとって死をもたらす〔致命的な〕（mortelle）ものであると考えます。次に、いま一つの反復があり、これは私が実践しようと試みているものですが、こちらもまた哲学を脅かすものである、けれども私はそれを自分の側に属するものと感じていると言いましょうか、ちょうど……まあ脅かすといっても、ちょうど……なんと言うか……生あるものが自己を参照することによって、自己の可能性について、或る意味で生（vie）とその……生存（survie）との諸条件について問いかけることによって自らを脅かし得るようなものです。私は哲学を愛していると言いましょうか、たいへん大ざっぱな……そしてたいへん俗な言い方をすればですね、で、この哲学への愛が、私をしてああした動き、或る種の人々が……脅威とですね、解釈するああした動きへ向わせるものなんですよ。だがいずれにせよ……生あるものは脅かされた状態においてしか存在し得ないものです。

豊崎――あなたが数について、ことに三と四とのあいだの対立について言われたことは私にとってたいへんことを明らかにしてくれるものでしたし、また、分割可能性と……唯一なるものについて言われたことも、そこに、私にとっては今のところかなり謎めいたものであり続ける側面を含めて……

デリダ――私にとってもです。

豊崎――……たいへん貴重なものでした。今からすでにお礼を申し上げておきたいと思います。

さて次にまた別のことに移ります。

仮りに誰か哲学者が、作家が、詩人が、さらには作曲家が、絵画に関心を抱くとしたら、それは一般的には、その人が絵画の中に自分のとは根源的に異なる表徴＝記号（signe）の世界を見出すからです。ところで、あなたにとってはエクリチュールとイマージュとのあいだに還元不可能性はないように思える、一種の連続性が二つのあいだにあるように――二つのどちらもが trace という概念（概念という語が適合するかどうかまったく確かではありませんが……）に含まれ得るからには――思えるのです。このイマージュ－エクリチュールの連合の特権的な比喩形象は絵葉書でしょうが。

あなたにとって親しいものである一つの例をとりましょう――ヴァレリオ・アダミの絵画とデッサンです。アダミにおいて、とりわけ *Glas* から想を得た一連のデッサンにおいて、絵の描線（traits）とエクリチュール――エクリチュールと言うとき、私はそれを手書き〔＝書跡〕の意味、〔能〕書の意味にさえ解しているのですが――は密接に結びついている、というのもアダミはあなたのテクストとあなたの署名との一片を、或るときはあなたの手書きのエクリチュールで、或るときは彼自身のそれで引用しているからですが、というわけでアダミの絵の描線とあなたのエクリチュール〔書かれたもの＝テクスト、書跡〕とは密接に結びついて、相互に浸透し、伝染し、混じり合っているような具合です。これは一個の特権的なモデルである、というのはあなたがアダミを謂わば読むことを試みるとき、あなたはすでにあなた自身がそこに書かれ（écrit）、書きこまれ（inscrit）、描かれて（dessiné）いるのを見出すからで、そして或る意味ではことは相互的であると言えるでしょう。

　これと同じことは――たしかにかなり異なっていることがはっきり感じられる形ではありますが――あなたとジェラール・ティテュス＝カルメルとの関係についても言えます。マッチ箱を描いた一連のデッサン（The Pocket size Tlingit Coffin と題された）において、あなたは、ジュネが語っている――『葬儀』においてだったと思いますが――ポケット・サイズの棺、ポケットに入る棺としてのマッチ箱との驚くべき照応に出会っています。これこそ明らかにあなたの幸運（chance）の一つです。この chance という語にはまた先で立ち戻ることになるでしょう。

ですが、アダミに戻って、もう一つ別の例をとりましょう。彼によるヴァルター・ベンヤミンの肖像（Ritrrato di Walter Benjamin）です。ベンヤミンの有名な肖像写真をたいへん省略的な形で用いているこの肖像画には、ベンヤミンの額のすぐ上のところに画家の手ではっきり目立つようにベンヤミンの名が書かれており――そしてBenjamin という名は Adami の名の〔全〕体の一部分である ami を合んでいます――、或る意味でベンヤミンの肖像画についての理論（「複製時代における藝術作品」）を引用し、そしてその名をベンヤミンの額（front）を横切る前（戦）線（front [s]）の、国境（frontières）の線と、また同様、上下が嵌入した状態の兵士の身体と組み合わせています――国境＝境界の人ベンヤミン、二つの陣営の境界にあり、二つの陣営の双方から追いつめられている男ベンヤミン。

　ここで行なわれて〔問題になって〕いることはベンヤミンの或る種の像《イマージュ》の一個の複製＝再生（reproduction）、再現＝表象（représentation）ではなしに、その像の変容であり、その能動的な翻訳です。

　私は思い出すのですが、われわれの最初の対談の折、あなたは自分がまだ絵画に、絵画それ自体――といったものが存在するとして――にまで到達していない、そのもろもろの縁（bords）――額縁（cadre）とか署名とか、等々――について語っているにすぎない、と言われました。けれども、一人の画家の作品とあなた自身のエクリチュールとのあいだに、これほどまでの伝染現象、相互浸透（osmose）がある場合、ことはそれほど簡単ではないように思うのですが。自らが作品の縁にあることを意図していた言説が、或る意味では作品の中心部そのものに連れ戻された自分を見出すことになるのですから。

デリダ――たしかにエクリチュールとイマージュは――ここではエクリチュール〔という語〕を通常の意味〔文字、書跡〕で言っているわけですね――さまざまな形において、trace であるというのは本当です。そしてこの観点からすれば……

豊崎――……私はもちろん、ことをいささか単純化しすぎていますが……

デリダ――いや、いや、そんなことはありませんが、この観点からすればですね、実際に trace の一般的空間ともいうべきものがあり、その内部では……エクリチュールとイマージュが、そして場合によっては音、音楽が……交感〔交通〕し合うとは言いません……なぜなら交感＝交通（communication）の観点が再び見出され得る、再構成されるのが見られ得るからなんで、その点で私としては連続性を語り得るかどうか必ずしも確かではないのです。私はたしかにそれらがその空間に属しているとは思います、エクリチュールとイマージュと音とが tracement（痕跡を引く＝記すこと）の一般的空間に属していると思いますが、しかしそれも……このう……それぞれの絶対的異質性を保持しつつのことです。したがって或る意味ではそれぞれの非連続性をね。そして或る領界に属する trace からもう一つの領界の trace へと行なわれ得る移行、エクリチュールからイマージュへ、イマージュからエクリチュールあるいは音へと行なわれ得る移行は、一個の翻訳のそれであると言いましょうか、けれども翻訳と言ってもそれは――そもそも或る意味ではあらゆる翻訳がそうであるように――一個の領界をもう一つの領界の中で再現＝表象するのではなく、一個の領界からもう一つの領界の中へと類似を生み出したり想起させるのではなくて、あの極めて特異な作業、つまりこの……翻訳すること……えー……このう……全面的に異質な二つの領界のあいだにその……一つの出来事を移行させることに存する作業を生み出すのです。ちょうどいくつかの国語のあいだに起るように。えー……フランス語から日本語へ、あるいは日本語からフランス語への翻訳において何が生起するのでしょうか？　何ごとかが生起する（se passe）、何ごとかが移行する（passe）、けれどもそれは、だからといって一個の絶対的な異質性を乱しもしなければ中断〔＝宙吊り〕もせず、むしろそうした異質性を前提するものなのです。そう言ってよければ、二つの国語のあいだにはいかなる関係もない、いかなる類似ないし類比《アナロジー》の関係もないのです。それらの統辞法的構造のあいだにも、語彙的要素のあいだにも、書字的ないし音声的形態のあいだにもです。そしてこの異質性こそ、翻訳を呼び求めるばかりではなしに、翻訳というものを可能ならしめるものなのです。この実に、実に異様な翻訳という代物をね。ですから私は翻訳という語の極めて特定、極めて困難で極めて特定の意味において、エクリチュールと例えばイマージュあるいは音とのあいだには、翻訳はあるけれども連続性はないと言っているのです。再現＝表象もなく、転置さえもない。そしてそこで、われわれは先ほど話題にしていたミメシス的パフォーマンスのテーマを再び見出すわけです。例えば私が絵画ないしデッサンについて何かを、何か説述的なテクストをと言いましょうか、書こうと試みるとき、私に興味のあること——それがパフォーマティヴの条件なのですが——、それは絵画的ないしグラフィックな、あるいはデッサンの領域において生起することを叙述したり検証したりすることではなしに、場合によっては音声的な一つのテクストを産み出す、そのとき……何と言えばいいのかよくわかりませんが、とにかくまったく別なテクストとしてとどまりつつも、アダミの絵画的、グラフィック的テクストを翻訳し、それと照応するようなテクストを産み出すことなのです。そして私が例えばあの……fr あるいは tr から成るあれらのヴァリエーション(注5)を、それは音素であり、或る意味で音声的あるいは音楽的でさえあるものですが、試みたとき、それはこう言ってよければ一種のオーケストラのスコア（partition）、アダミのデッサンの領界とは絶対的に異なる領界に属するものでした。そして私が見出そうと試みているのは一種の……このう……アナロジーとも言う気はありません、というのはそれはアナロジーではないからなんで、それは一つの別のテクスト、アダミのテクストについて何ごとかを言いつつも、同時に全面的に……独立していて、別の領界に属するね、テクストなんですよ。そのためなんですね、もし……私が言っていたことは単に謙遜のきまり文句ではなく、自分が絵画ないしデッサンにまで到達していないと言い、そうするつもりさえなかったわけはね、それがまた二つの異なるもののあいだでの関係にかかわってもいたからなんで……言葉とデッサン、そして音楽とデッサンといったものにね、そう言ってよければあの一種の……あの四つの手によるコンチェルトのミメシスを行ないながら——それはアダミがデッサンしたものですが、音楽をデッサンしており、それも謂わばいくつかの身体によって演奏されている、ここではそれも四つの手にさえよる、ということは二つの身体があり、その二つの身体はその物（la chose）と音のイマージュとへの一つの関係、方向づけ……を持っているが、それらのものはそれぞれのあいだに謂わば関係がなく、それでいて調子が合っている（accordés）。ことはそれぞれのあいだで、それらのあいだで、それぞれ何の関係も持たない作業の調子を合わせることなんです。そして何の関係もない範囲内においてこそ、テクストはパフォーマティヴである、つまり何ごとかを作る、したがってただ単にこの……原作の再現＝表象であることなく、別の出来事の数々を産み出そうと試みるのです。それは或る意味で別の作品なのです。

豊崎――あなたがアダミの絵画における音とか音楽に言及して下さって嬉しく思います……と言うのは……質問をしたとき私は謂わばそうしたこと〔に触れるの〕を節約してしまったからなんですが――。

私は国境＝境界を語りました。国境＝境界についてですが、*Glas* には、ジュネがチェコスロヴァキアとポーランドのあいだの国境の通過を語っているところをあなたが引用している数頁があります。ことのついでに言いますと、それらの頁――私はそれを翻訳したのですが（注6）――は、チェコスロヴァキアで、プラハで一年半前あなたの身にふりかかったことのあとでは、いささか兆候的に見えます（注7）。それも、あなたが近い将来ポーランドに行くことを考えておられるだけになおさらですが。ジュネのテクストにおいて問題になっている越境＝侵犯はまた――ここで私はほぼそのままあなた〔の文〕を引用しているのですが――二つのあいだ（一つの名、一つの法によって分かれている二つの土地、二つの国のあいだ）の歩みの横断でもあります。法〔＝掟〕、それはまたまさしく対頁〔見開き頁左側〕の欄ないし帯《バンド》において、ヘーゲルの『精神現象学』と『法哲学』とを通じて問題にされているものでもあるのですが、それはわれわれを――まあ私は……私は、おそらく〔私の言いたいことの〕必要上ことを急ぎすぎているのかも知れませんが――一人のチェコ系ユダヤ人の名、カフカに導きます。あなたは最近 France-culture 放送の番組の一つで――まるまる一日がカフカに捧げられたというものでしたが――カフカのテクスト「法〔掟〕の前で」について話され、その中でとりわけ、それがパフォーマティヴなテクストであると説明しておられます、つまりそれ自体が法〔掟〕を作り、産み出すテクストです。そしてカフカは今度はわれわれをブランショへ、あなたが何度かにわたって語っている彼の“Viens”という文句へと導くことになるでしょう。

あなたがブランショにおけると同様「黙示録」*Apocalypse* においても見出しておられるこの“Viens”(おいで、さあ)は、どうやら単なる命令(法)などではない、“Viens”はそこから出発して出来事、言語活動、諸学問などが可能であるところのものを形成するものであるようです。(ここで私はあなたのいくつかのテクストを引用することもできるでしょう。とりわけ「輓近哲学において用いられる黙示録的口調について」を。必要とあらばあとからそうするつもりです(注8)。)ブランショはまた同様、幸運について、幸運、偶然、恩寵の法との関係についても語っています。そしてエクリチュールとの関係についても。そして彼はこう書いています――「書く《エクリチュール》ことは幸運を索めることであり、そして幸運とはエクリチュールの探索である」（『彼方へ一歩』）。

（一連の驚異的な出会いがあなたの最近の諸著作を特徴づけているように私には思えます。アンドレ・ブルトンならば「客観的偶然」と形容したであろうような何かが。）

このまったく特異な作家〔ブランショ〕について語って頂けるとありがたいのですが。――彼とはあなたは最近まで肖像写真を公にしないという決意を共有してこられたわけですが、彼はたまたまおそるべき密度を持った交叉の場、一つの結節点であって、そこでは、ニーチェ、マラルメ、バタイユ、アルトー、カフカ、ベンヤミン、そしてレヴィナス――他にも多々ある中でもあなたにとってとりわけ親しい名だけを引いてもです――が交叉し合っている。

デリダ――……今言われたことの中にはいろいろ暗黙の問いがありますが……

豊崎――私としてはやはりブランショのことを少し話して頂きたいのですが……まあつまり……交叉の場としての……

デリダ――ええ。……いやこれは、この交叉、このブランショへの関係について手っとり早く話すのは難しいことです。私の思うに、これはただ単に……たぶんあなたが示唆されたように幸運とか……なんと言うか……僥倖的な交叉の問題だけでなくて……一つの歴史的状況というものがあり……その中でブランショがいて、いくつかのことを思考し、言っている……えー……あるいは私自身がものを書き始めるより前、あるいはそのあとでですね、一つの歴史的状況があって、その中で或る種のことが言われ、言われなければならなかった、ということがある。もちろん……ブランショというのが、いくつかの肝要なことを言い、いくつかの肝要なこと、私が肝要と見做すことを思考した何者かの名であったと言えることが私にとって明らかになったときから、私はたまたま自分を（笑いを含んで）、いや私は自分を彼の道の上に見出したとは言えない、そうではなくて彼を私の道の上に見出したんで、ですからそのときから、たとえ、ちょうどわれわれが今しがたアダミについて言ったように、道程の大いなる差異、それは……エクリチュールの、来歴の、体質の差異はあっても、こうした差異の数々は、あなたが今しがた示唆された、謂わば一致（accords）を妨げるものではなかったのです。事実、ブランショは、まあつまりブランショのエクリチュールは、それについて……このう……それに対して〔私が〕最も多くの一致点（accords）を持つはずの種類のものです、それはこういう意味なんで……翻訳の、再現＝表象ぬきの翻訳という意味において、最も多くの一致点が……私にとって自ずと重きをなしたとさえ言う気はないんで、私にとって必然のものとして明らかになってきたのです。あなたはそれらの一致点の多くを引き合いに出されたし、私としてはそこに立ち戻らないことにしたいと思うのですが……

……たぶん、たぶんこれはあなたの問を狭い側面から捉えることかも知れません、あなたが顔写真について言われたことに立ち戻るのは。実際に、私はそう言ってよければ肖像の公開を……拒否するということにおいてブランショと共通点を持ってきました。ところが、たまたまそれ以来……長いあいだ私としてはこの原則に固執してきたにもかかわらず、しばらく前から私は、私はそれを断念しなければならなくなりました。で、たぶんそこにおいて、ブランショとの……差異《ディフェランス》（différence）ないし不一致《ディフェラン》（différend）ではなしに、そう言ってよければわれわれそれぞれの個人的歴史状況における一種の隔たり（écart）が現われてくるのです。私はなぜブランショがつねに写真を公にするのを拒否してきたのかは知りません。結局のところ、彼自身でその点を説明する方がよいでしょう、彼がすでにしたのかどうか、するとしたらどんな風にするのかは知りませんが……ブランショの写真がないという事実をね。そこで私にはブランショがそういうやり方を正当化する言説というものが想像できるし、或る意味で私はもう今からそれに賛成します――目立たずにいることの必要とか、作者の……引きこもり、控え目＝留保（réserve）などなどですね。その点について言い得ることはみな容易に想像できるし、私がここで言っていることは私自身内心で言ってみたことです。

とはいうものの、私がいつも居心地の悪い思いをしてきたのは――私についてであって、ブランショについてではありませんよ――、こうした目立たないこととか控え目といったモティーフとか、あるいはこの作者の顔を……消すという必要がもたらす帰結などが、一方において……このう……私にとっていくつかの公の行為と相容れないというところなんですね。……このう……ブランショの方は決して講演なんかしないでしょうし（笑いを含んで）、教えてもいない、で、したがって（par conséquent）彼は写真を公にしないことによって彼自身に対して完全に首尾一貫（conséquent）している。ところが、たまたまブランショの時代とは違った時代、そしてまったく違った、そう言ってよければ個人的な来歴の（biographique）状況において、私は教えたり、講演をしたり……録音——とりわけブランショは対談を録音したりするのは断わるでしょうしね（笑）——、カセットテープに録音したりせざるを得なくなる、というわけで、そうしたことをみんなしながら写真を拒否するということは、まず一方において実行不可能だったんですね、それはコントロールできない、コントロールしようと努めるべきではないことで、カメラマンはどこにでもいる、公の場所で話す場合、教室や講演会場などには、カセットテープがあるばかりではない……どこにでもカメラマンがいるわけです。このう……私にとって問題は、なにも姿を見せること、とりわけ写真という形のもとに姿を見せることを単純明快に拒否することであるよりも……えー……この写真による紹介＝提示（présentation）の裡に何か別な関係を見出すことでした。長いあいだ、写真を公表することを拒否してきたのは、なにも単に自分の顔を隠すためではなくて、それは私がまず、写真が撮られ公表される仕方を滑稽で、型にはまって、あまりにプログラム化されていると見ているからなんですね。私が不賛成（désaccord）であったのは、写真を公表し複製された自分の顔を見せるという事実であるよりも――私は写真一般は大好きです、写真には興味があります――、或る種の新聞雑誌、出版社などが……このう……実践してきた写真の扱い方についてなんですね――作者の写真、作者の顔、〔本の〕背表紙に載ってるやつね、それとか書斎の奥に並べた本の前でポーズをとる、それともペンを手にした作家とか、私はそうしたことすべてを、現代性の観点からすれば遅れているとさえね、言いたいんですが、私はこうしたことすべてを、十九世紀の或る絵画の、作者の〔姿の〕或る種の示威（représentation）の擬態（mimétisme）みたいなものと見ていたんで、それが、このコードこそが、私にとって受け容れ難いと思われたのです、単なる顔の公開以上に。そして私はその点について訊ねられるとよく言ってきたのですが、写真に何も反対するところはない、けれども別の……ものを書いている作者とか、奥に本が並んでいるのとは別の写真の扱い方を提示してくれることを待っていたのです。……そして……ですから私は写真によって身を晒す用意はいつでもあったのです、ただそれが……それが別のコードで行なわれさえすればね。……たまたま私は数年来、単に講演をする、これはずっと前からしてきたことですが、そればかりではなしに、報道カメラマンがいる場所や環境でそうせざるを得なくなってきたということがある。するとカメラマンは私の許可さえ求めずに写頁を撮ってそれを公表する。そういうことは……それが始まったのはアメリカで、或る哲学のコロック〔シンポジウム〕の折でした。一種の極めて……かなり政治的色彩の濃いイヴェントが行なわれて、と突然、何十人もの報道カメラマンが現われて写真を撮り、許可も与えないうちに私の写真が公表されるのを見る破目になったのです。そのあと、プラハへの旅、プラハでの投獄があり、私が帰国すると無数のカメラマンの大群がいましてね、写真をどんどん公表した、ですから私にとってはもはやことをコントロールしようと思うことさえ問題外だったわけです。で、そのときから、私はいいさと思った、ことはこういう風なんだし、いずれにせよ私にはことを……コントロールはできない、それにそのことは望ましいことでさえない、というわけで私は……写真というゲームを受け容れたのです、最近なんか生れて初めてテレビで話す破目にさえなりましてね、プラハの……事件について〔話すことを〕承諾した、これは初めてのことなんですね……それはプラハからの帰り、列車の中でのことでしたが、それから次に、この国際哲学コレージュという制度＝機構が形をなしてきたとき、私にはそれを公衆の前に紹介することによって支持推進することが自分の義務であると忠われたわけで、すると当然またついてまわる（impliqué）のがメディアであり、したがってテレビであり、したがって写真であり、等々ということになる。ですから、私としてはそこでやむなく……なんと言うか……このう……私の最初の戦略を（笑いを含みつつ）変更し、後退させることを余儀なくされたわけで、私はそれをいささか経験的な、経験論的な仕方でしたのです、私がたまたま……まきこまれている（impliqué）、或る種の状況を考慮に入れてね。

どうもこれはわれわれをブランショから大いに遠ざからせてしまいましたね、たぶんそれほどでもないかな……（笑いを含みつつ）

豊崎――それほどでもありません（デリダ微笑）。……今しがた言ったことの一部分をもう一度むし返させて頂きたいのですが、あなたは……あの“Viens”という言い方を、ブランショにおいて、「黙示録」の中に見出すより以前に見出されたのですか？

デリダ――私は……私としてはどうしてもそのことを認めないわけにはいきません。これはまた同時に「黙示録」のテクストについての大いなる……無知を認めることではあるんで……このう……私はたぶんそれを……そう言ってよければぼんやりと「黙示録」の中で読んでいたんでしょうね、しかしまず最初は……ブランショにおいて、その言葉の繰り返されることがはっきり目について、私はブランショのいくつかのテクストにおいてそれを分析したいという気持を抱いたのです。それから、そのあとで、私はその……私が多少の……多少の差はあれ遠くてぼんやりしたものとして知っていたはずのその言葉の存在を、「ヨハネの黙示録」におけるその存在ばかりではなしに、その決定的な重要性を意識するようになったのです。で、そういうわけで、私はその〔二つの〕ことをあらためて関係づけたのです、もちろん、おそらく私よりもはるかによく……「黙示録」のテクストを知っていたブランショは、彼自身ですね、「黙示録」の“Viens”を……このぅ……再び……再び目覚めさせるというか、再び推進するというかよくわからないんですが、再創始、と言いましょう、しなければならなかったにちがいないと、もちろん考えてのことです。私が再発明と言ったのはなぜかというと、たぶん結局のところ、ここで「黙示録」を一個の起源として、“Viens”のですね……原初の……テクストとして語ることはできないからなんですね。「黙示録」それ自体がそれなりの流儀でそこに……そこにあった“Viens”を翻訳していたのです、すでにそこにあった呼びかけをね。

豊崎——あなたはブランショが「黙示録」を「引用」していたということにほぼ確信があるわけですか？

デリダ——いや、ちがいます、いや、いや……まあつまり引用するという言葉が何を意味するかはよくわかりませんが……

豊崎——……一つの……広い意味……受け取り方においてです……必ずしも意識的とは限らない……

デリダ——ええ。このう……私の思うに……まあつまり私としては、もし彼が何度かにわたって……彼のいくつかのレシの中で“Viens”と書いたときに、もし彼が本当に……もし黙示録的な影響が、「黙示録」のテクストが彼にとって再び言われたものでなかったとしたら、私はたいへん、たいへん驚くでしょう。けれども、それがそうした響きを持っているということは、だからといってそれが引用されているということを意味するわけではありません、引用という語のたいへん……たいへん多様な意味においてさえですね。問題は（笑いを含んで）まさしく問題は“Viens”というものの引用の問題なんですね。私が書いた*Pas*〔「歩み」であると同時に「〜でない」という否定語〕というテクスト[*3]において、最初の語は“Viens”で、最初の問は、これは引用であるのか、なのです。別の言い方をすれば、引用符《ギユメ》があるのかどうかということですね。引用の問題は“Viens”の核心にあるわけです。

豊崎――よろしければまた……あと戻りして幸運と法（掟）との関係の話をさせて頂きたいのですが……

あなたはこの関係が……カフカとブランショにおける関係にあなたは何かしら共通のものを見出されますか？

デリダ――カフカとブランショね。

豊崎――ええ。彼らの……このう……法への関係です。

デリダ――ええ……まあつまり……そこでもまた「共通の」(commum)という語について私は……今しがた「連続的」という語につけたのと同じ留保をつけたいんですね。(豊崎――ええ。)このう……それは共通でありかつ共通でない。しかしたしかに……むろんのことブランショは最も早くかつ最も深くカフカを読んだ読み手の……一人であって、それについてはまったく疑いはない、たとえ彼が初期のレシいくつか、これがすでに異様にカフカの(豊崎――そうですね。)レシに似ていたわけですが、それを書いていたときにはカフカを知らなかったと言われているにしてもね。このことを言った上で、知っていたか否かは結局ほとんどどうでもいいので、彼ら二人のあいだには一つの深淵、いくつもの深淵を越えて一つの関係……一つの翻訳の関係があって、これはまったく驚くべきものです。というわけで、私の思うに、法への関係という点では……このう……彼らが考えていること、言っていること、書いていることは、たいへん異なっておりかつたいへん共通している。思うにそれは……同じものでありかつ別

ものなのです。（しばらく沈黙）

豊崎――今度はニーチェの名をとりあげて、教育の問題、言語の教育、とりわけ哲学の教育について話したいと思います。

ニーチェというのは、教え得ざるものを教えようと試みたと思われる人、あなたにしたがえば、自分の生と自分の名とを著述の中にこめた（engagé――質入れした）人、です。そしてあなたにとって――いささか手早くするために言えば――言語と哲学との教育は、それに翻訳もまたそうですが（注9）、あなたが家族の情景＝舞台（scène de la famille）と呼んでおられるものの中に位置づけられる、それは、そこにおいて母なる言語、母国語の身体＝コーパス、父の身体、そして名というものが、もろもろの固有名詞が問題になるかぎりにおいてです……

この角度からするとき、ニーチェの名はわれわれをして、あなたがずっと前から心にかけておられる哲学の教育の問題へ、そしてとりわけ国際哲学学院（le Collège international de philosophie）――それは最近具体的な形をとりましたが（注10）――の創設計画へと導くものですし、あなたはまさしくこのコレージュの主要な責任者であられる。というわけで、あなたがそこで出会うもろもろの問題、もろもろの幸運について、それに伴う、なんと言うか、観念上、概念上のものであると同時に具体的物質的な見通しを含めて、少し話して頂きたいのですが。

デリダ——はい。そのことはもちろん長広舌を招きかねない性質のものですが、しかし私はいくつかの点に話を限ろうと思います。

ですからそれは今や実現しつつある計画で、その主な狙いはまったく特異な制度＝機構（institution）の創設にあるのですが、特異なという意味は、それは大学でも学校でもなくて、一個の……このう……国際的な場——われわれはこの国際的というところを大いに強調しているのですが——であって、それ……その中でわれわれは、今日世界における大がかりな哲学的冒険《アヴァンチュール》＝営為、哲学の大がかりな……経験ないし未（非）経験を通して、哲学とは何であるかということについて、あらゆる知や、技術や、藝術の分野への関係において哲学がどんなものでありどんなものになり得るかということについての、一個の思考の経験＝実験を試みようとするものです。ですからこの冒険の過程を通してわれわれが試みようと思うのは、そしてそこにこそこの制度

＝機構の唯一の主導的原理があり、これは口にするのは易しく実行に移すのは難しい原理ですが、それは次のようなものになるでしょう――現在の状態ではフランスないし外国の他の制度＝機構において正当な位置を与えられていないか、十分に発展させられていないたぐいの実験《こころみ》あるいは探索（frayages）、研究に優先権を与えることです。このう……そのことが前提するのはただ単に一つの……今日の世界における……研究機構の状態……理論的な面、政治的な面における状態についての、一つの哲学的思考であるばかりではなしに、あちこちで生起していることについての、なんというか理論的－制度＝機構的分析です。為されるべきであろうこと、為されるべきでないと考えられていること（ce qui ne se fait pas）を、これこれの研究が現在において受け容れ難いと判断され、あるいは道を塞がれ、麻痺させられ、検閲されてさえいることの理由をさぐるために。ですからこの作業は同時に制度＝機構の観念そのものについての反省の作業なのです、それも特に研究と教育の制度＝機構のね。で、そこでわれわれとしては、このコレージュが出発点においてはフランス国家の援助によって設立されたとはいえ、そうした研究が可能なかぎり自由であってほしい、この制度＝機構が完全に自由なものであり続けてほしい……このう……それが合議的（collégial）な仕方で機能してほしい、さまざまな国家、フランス国家だけではなしに国家一般に対しても自由なものであり続けてほしいと願っており、そして、一方で文化、哲学的ないし学問的研究と……他方では国家諸権力とのあいだに新しいタイプの関係を作り出したい（engager）と願っているのです。ですから、国家による文化でもなく、極左的ないし無政府主義的な或る種の伝統的反国家主義でもなく、というわけですね。われわれとしては国家を思考するための……別な道を見出したいと願っているんですよ、思想と哲学への国家の関係において、そして思想と哲学の国家への関係における別な……別なやり方（pratique）を持つために。それで現在のところわれわれは当然何か新しい制度＝機構を創設するときのたいへんつつましくてつねにたいへん脆い、手はじめの段階にあるんで、われわれとしてはそれが……たいへん違ったものであると同時に、たいへん特異な……ユニックなものであってほしいと願っています。それは、少くともその理念においては、世界において唯一無二《ユニック》の制度＝機構であり得るし、そして同時にそのことを……他の制度＝機構との競争の、論争ないし戦いの精神ぬきですることとができます。われわれはフランスないし外国の他の制度＝機構と協力してゆくことを希望しています。このう……それで私にはどうも……これ以上のことを言うためにはたいへん細部に、計画の或る種の細部にね、立ち入らなければなりますまいし、たぶんここはその場ではない……。

われわれの願いは当然、できるだけ早く外国人たちが、そしてとりわけ――われわれはここで日本に向けて（à destination de）話しているのですからこう言いましょう、日本の哲学者、研究者、学生、あるいは作家や藝術家が内部からこのコレージュの活動（vie）に参加してくれることです。内部から、ということは、必ずしもその人たちがパリでそうするという意味ではない、われわれの願いはその人たちが世界の他の場所でもそうしてほしい、けれどもそのときコレージュを自分たち自身のですね、ものとして……このう一国民の……一国民に属するのではない制度＝機構として利用してくれることなのです。で、このことは当然、たいへん難しい。それがたいへん難しいのは、コレージュがまずパリに本拠を置き、フランス語が事実上そこでの支配的国語になるだろうかぎりにおいてなんですが、しかしわれわれは、すでに提出したレポートのテクストにおいて、これは或る意味でこの制度＝機構の精神を定義しているものですが、その中でわれわれは、フランス語が出発時においては事実上支配的な国語であるにしても、それが決して権利上支配的な言語にならないように求めています。つまりわれわれの願いは諸国語、すべての国語がこのコレージュにおいて話され得る……対等に、同等の資格をもって話され得ることですし、われわれの……われわれが考えている最初の作業のうちには諸国語、国語間の差異、翻訳の諸問題――これは先ほど示唆したものですが――などに関わる作業があり、そこにはそれらの持つすべての困難、それらの現代的な新しい諸次元などが含まれているわけですね、新しいテクノロジーの数々とか……ですからこの翻訳という問題の伝統的諸次元と同時に現代的諸次元を考慮に入れてね。たいへん……たいへん手っ取り早く言えば、それは一つの……なんと言うか……翻訳者のコレージュだと言うことができるでしょう……この翻訳という語の最も……最も大胆で最も高責かつ最も困難な意味において、これはその主要なタームが翻訳となるであろうコレージュなのです。

豊崎――私としてはやはり知りたいのは、はたして……あなたにとって教育の問題が、ニーチェにおけるように家族の問題、固有名詞の問題に結びついているのかどうかということなのですが……　それがヘーゲルのケースに妥当するかどうかということは私には分りませんが……

デリダ――たいへん難しい。事実、そういう気がするかも知れないんですね……制度＝機構的教育において……まあつまり私が言っているのはなにも……例えば先生と弟子が謂わばユニックな関係にある、制度＝機構外の或る種の状況における教育ではないんであって、制度＝機構外の先生－弟子という関係というものがあり得ます。けれども、制度＝機構内では、とりわけ近代的大学制度＝機構内、まあつまり近代的というのは少くとも十九世紀以来ということですが、においては……このう……先生は自らの名においては語らない何者かです……本質的にね。つまりその名が、したがって家族の歴史＝来歴、系譜、帰属……このう……帰属というのは……

豊崎――あなたはたくさんの先生を持たれたでしょうが、しかし……例えばアルチュセールの場合、その先生－弟子という関係はありましたか？

デリダ――……いいえ。……アルチュセールはなにも……関係は決してそのようなものではありませんでした。そう、こう言いましょうか、近代の制度＝機構において、教育機関の先生の名は消されているとね、そのあらゆる系譜的、家族的帰属と共にです。このう……原則的には。原則的にはね。いずれにせよ、その名が立ち現われるとしたら、不法（もぐり）に、密輸品として、いちばん肝心な要請の一部をなさないものとしてにすぎません。ところが……このう……たぶん、この状況を考え直して……別の関係、教育者の別の署名が可能である状態を想像してみなければなりますまい。このことはなにも教育者が自己の名において……まあつまりこの……なんと言うか……経験的ないしナルシシックな仕方でね、語るべきであるということに帰着するわけじゃなくて、それでもやはり、彼の署名の何ものかをこめる（engage）ということなんですね、先ほど話した制度＝機構外での先生‐弟子のあの関係におけるように。そしてそのことが……まさしくニーチェ、ニーチェというケースによって私が示唆しようとしていたことなんですよ、このケースは、さまざまな差異に注意しさえすれば、キルケゴールというケース、カフカというケースに、あるいはたぶんブランショというケースに転置できるでしょう、たぶんブランショは或る種の……或る種のタイプの教育者なんでね、そのためにはきっと……これはわれわれをたいへん……たいへん遠くまでつれてゆきかねないことです。

豊崎——或る種のタイプの哲学者。

デリダ——そうです。

豊崎——……私の最後の質問は短いものです……私たちはベンヤミンを、カフカを口にしました、二人のユダヤ人著作家を。そうすることによって私は少しも……私の意図は少しも、あなたがユダヤ人であるという事実を強調することではありませんでした。ユダヤ人であること、ユダイスムは……決して……あなたの思考の唯一の基盤でも主要な基盤でもありませんでした。読書の、教養＝文化の——単に教養＝文化ではありませんが——の見地からすれば、あなたは同様にギリシア人であり、ドイツ人であり……そしてフランス人である。

あなたは生涯で初めて、このあいだの六月だったと思いますが、イスラエルを訪問されました。私としては、源泉への巡礼といった言葉でそれを語るのは厳に差し控えたいと思うのですが、しかしやはりそれはあなたにとって何かしらかけがえのない

(unique) ものだったと想像されます。私としてはあなたをこの旅へと導いた偶然と必然、要するにあなたが彼地で出会われた幸運のあれこれがどのようなものだったかを知りたいと思うのですが。

デリダ——うーん、その問を根本から扱うのはたいへん難しいですね。たしかに、今言われたように……このう……ユダイスムは基盤……まさしく私の仕事、私の経験＝実験の基盤ではありません。こう言いましょうか、それは私にとって明白な基盤ではないと……このう……まあつまり……この明白さは……

豊崎——私は……ことを単純化しすぎているわけですが……

デリダ——いや、いや、そうではなくて、問題はこの明白さのそれなんですね、真であるもの、明白であるものの……そこで……同様にして私はこう言いたいのです——あなたが言われた通りで——、イスラエルへの旅は明らかに源泉への回帰ではなかった、というのは私は今なおまったく……自分がこの源泉から断ち切られていると、それらの……源泉と称されるものと関係がない、明白な関係がないと感じているからです。そう言った上で、私はそれに対して……こみ入った、困惑した仕方で思いを致さずにいることはできないんで、この観点からすれば、この……養われ、生きた、意識的な関係のこの不在にもかかわらず、イスラエルに行くという営為は他にも数ある旅のうちの一つといったものではありませんでした。それは思うに誰にとってもそのようなものではない、そのようなものとして受取る人はほとんどいない旅であり、いずれにせよ私にとってそれは他にも数ある旅の一つではありませんでした。

さてあなたは、このイスラエルへの旅において偶然、幸運などの占める部分はどんなものだったかと言われた……一見したところ、それは僥倖的なものでした、つまりたいへん長いあいだ私はイスラエルへ来るようにという招待を受けなかった、それはあちらにしてみれば、私を招待する立場にある人たちが……私の書いたものを読んで、やはりそれがイスラエルに〔私を〕招くことを正当化するものではないと見做したということは、単なる偶然じゃない、あちら側ではいろいろ考慮されてたんで、おそらくそれはそれほど意味のないことじゃなかったんですね、私が一度もイスラエルに招待されなかったということは。

豊崎――あなたは一度も自分から進んで行こうとは思われなかったのですか？

デリダ――いや、思いませんでした。それで……物質的な理由もあるし……いずれにせよ行きたい気持が十分強くなかったんですね……私が……この……物質的困難を乗り越えるほどには……金銭的困難とか……時間的困難とか……それに……それで、もちろん、私が求めなかったとしても、もし本当に望んでいたとしたら行けたでしょうし。ですが、きっと二つの種類の消極性（réticence）が……このう……それは二つの種類があって、つまり一方では……私はいつもユダイスムのあらゆる手っ取り早い再我有化（réappropriation）、あらゆる同……再・同化に対してはいささか……いささか不信を、留保を持っていたのですが、それはなぜかというと、そのときことが私にとって明らかでなかった、明らかでない場合私はそのことについて書きたくない、それだけのことですが、それにまた政治的な消極性もありました。で、二年前、一年半前に或る種の人たちが……このう……私の仕事に或る種の観点から興味を持っている、そしてその観点から……私がイスラエルに来てくれるよう望んでいるという意向を明らかにしたとき、そのとき私にはことの文脈が……以前にそうだったのと比べて……ちょっと違うように思えた……えー……そこで私は承諾したのです。しかし、私がそれを承諾しなければならなかったにについては、私の……望みの何かが……ユダイスム一般への私の関係の中で何かが、いや私はなにも深く変化したとは言いませんが、いささか、いささかおののき、いささか動いたからなんですね。それは……何かが……私に思わせたんですね……いつかはそこへ行かねばなるまい、そしてたぶんその時が来たのだと、齢の問題もあり、それに……いろんな……あらゆることに思いを致したのです……この旅をするのにあまり長いあいだ待たない方がいいという欲求を感じたのです。こうしたことすべてが私にとっては……極度に矛盾し合い、不安定で、多元決定され……そして謎めいて（obscur）いた、実に、実に謎めいていました。

豊崎——あなたはとにかくあちらで何かしら……全面的に思いがけないことを見出されましたか？

デリダ——……全面的に思いがけぬ、けれども……けれどもまた同時に、逆説的に、そしてそのことこそ私をもちろん強く印象づけ、動顚させたものですが……一種の再認、慣れ親しいという感じで、このう……これはおそらくいくつかの面で分析できるものでしょう。一方においてもちろんそれはちょうど……ちょうど私が一度も読んだことはなくて、それでいて知っているはずだと思っていたユダイスムの教典《テクスト》のようなものでした……こちらの知らないものとの一種の慣れ親しさによって知っているね。それに私はそれと同時にアルジェっ子、アルジェリア人でもあるんで、そこで……自然的、文化的風土の観点からすれば大いに類似点がある。私はアルジェリアの何ものかをもまた見出したのですが、私はまたアルジェリアからも断ち切られている、というのは私はまた一人の移民でもある（笑）からで、私は……このう……アルジェリアで十九の歳まで暮し（vécu）、そのあとフランスへ来て、そのあと自分の家族を通して一つの激しい根こぎ状態を生きた（vécu）人間です、で、この観点からすれば、アルジェリアもまたユダヤ人の共同体の住む場、もろもろの根の場でもあるからにはですね、或る種のアルジェリアと或る種のイスラエルとのあいだの物質的、地理的、文化的類似は当然私を強く印象づけました。いずれにせよ私は彼地でもまたこの……この段階（＝音域 registre）において生きたのです。

豊崎――私としては……この辺までにしていいと思います……このう……終りに……言いたいのですが……trace――謂わば文字であると同時に図像でもある――を

語ったあと、国境＝境界とその通過、そして旅、イスラエルへの旅を語ったあと、私には……これはどこかに定められて（＝書かれて écrit）いたことのように思えるのです……エクリチュールと trace との思考者デリダが、いつの日か……日本に出会うということは。

デリダ――そうです。私もそう言おうとしていたところでした。ここで、この国境＝境界で歩をとどめてもよいだろうと思います、というのも……こう言いましょう、われわれが翻訳、国境＝境界、それから……差異……〔共通の尺度で〕測り得ぬものにおける翻訳などについて言ってきたことは、われわれが一度もそれと名指したことはなくとも……このう……私の日本への関係、関係なき関係にかかわっているからです。今このとき私はですから一つの旅の前夜にあり、このう……その旅に対して秘かに(obscurément) 私は……私は多くを期待し希望しています、いささかの不安と……そして心のおののきを抱きつつね、そして今年は私にとって二つの旅の年――まったく独特《ユニック》で……ふだんと違っていて、そして私がこれまでしてきたどの旅にも似ていない二つの旅の年だったということになるでしょうね、一つは私がすでにしたイスラエルへの旅、いま一つは二週間後にするべく支度を整えている日本への旅ですが、しかし今日は二つの séances のあいだの境界を……この地点にしるして、たぶん私の帰国時に日本について語ることもできるでしょう、もし私がそこから変化してあるいは変化しないで戻ってくるならばですね……このう……それがたぶん第二の séance になりましょう。

豊崎——そうですね。そういうわけで私は、日本があなたの幸運の一つになるだろう、なったと言えるだろうことを望んでいます。

デリダ——私は……私もそう望んでいます。

（一九八三年十月六日、エコール・ノルマル・シュペリユールにて）

注

（注1）豊崎光一「ファミリー・ロマンス」（『海』、一九八一年三月号）（＊4）

（注2） グレゴリー・ベイトソンの用語で、あることをすることを促すと同時にそれを禁ずる状況を指す。

（注3） 豊崎光一「翻訳と／あるいは引用」（「風の薔薇」第二号、一九八三年夏）を参照。（＊5）

（注4） Jacques Derrida: Mes chances—au rendez-vous de quelques stéréophonies épicuriennes（UIT "TIJDSCHRIFT VOOR FILOSOFIE" 第四十五巻一号、一九八三年三月）ワシントンで一九八二年十月十五日、Forum on Psychiatry and the Humanities（Washington School of Psychiatry 主催）の折に行なわれた講演。（＊6）

（注5） fr については、すでに挙げた front と frontière のほか、fresque（壁画）、fragment（断片）、frayage などがあり、tr については travail en train（進行中の仕事、列車の中での仕事）、trait（描線、特徴、目鼻立ち）、trajet（道程）、tramé（横糸で織り出した、仕組んだ）などがある。

（注6） 豊崎光一編「デリダ読本」（「現代思想」一九八二年二月臨時増刊号新版「Glas」抜粋を参照。

（注7） デリダ氏が一九八一年十二月末、プラハにおける哲学セミナーに参加中、仕組まれた「麻薬不法取引き」のかどで逮捕、拘留されたことは当時日本の新聞にも報道さ

れた。上記「デリダ読本」を参照。

（注８）ほんの一、二例を挙げれば――「《Vines》の出来事一般に先立ちそれを呼び招く。それは、それから出発して具体的な出来事があるところのもの、出来事という既与のカテゴリーのもとには思考し得ない、出来事の来ること（le venir）、来るべきものであること（l'à-venir）であるだろう。」（「晩近哲学において用いられる黙示録的口調について」D'un ton apocalyptique adopté naguère en philosophie, Galilée, 1983（スリジー・ラ・サルでのコロック「人間の諸終末＝目的――ジャック・デリダの仕事から出発して」における講演に加筆したもの）九一頁。（＊７）

「これは何〔であるか〕という問は、他者から来た《Viens》によって開かれた一個の空間（存在論、そしてそこからして文法的、言語学的、意味論的等々の知）に属している。」（同上、九三頁）（＊８）

（注９）デリダは、バベルの塔の建設（construction）と解体（déconstruction）を謂わば起源とする翻訳の問題に触れたあと、それが翻訳の場面《セーヌ》＝舞台を一つの空間内、「まさしくさまざまな固有名詞の系譜、家族、法〔掟〕の空間内に、一個の相続の場面の内部に書きこむ」と言っている。（モンレアル〔モントリオール〕大学において一九七九年十月に行なわれた「他者の耳《じ》――耳〔自〕伝、諸転移、諸翻訳」L'oreille de l'autre otobiographies, transferts, traductions (VLB éditeur) と題された講演と討論、質疑応答の記録における、口頭の質問に対する答(同書一三九頁)。(*9)

(注10) 去る十月十目、パリで正式に発足したこの「コレージュ」については、デリダ氏自身が来日中に記者会見を行なっているところでもあるが、現在のコレージュは仮のもの(collège provisoire)であり、デリダ氏がそのディレクターであるが、「コレージュ」の運営はこの仮コレージュと、ジャン-ピエール・ファーユ氏を書記長とする、これまた仮の「省察評議会」(haut conseil de réflexion)の二つの組織から成る。前者のメンバーはフランソワ・シャトレ、ジャン・フランソワ-リヨタール、ジャン-リュック・ナンシー、ジャック・ルーポー氏ら十四名、後者にはフェリックス・ガタリ、エマニュエル・レヴィナス、ミシェル・セール、ジャン-ピエール・ヴェルナン、ミシェル・ビュトール、ピエール・スーラージュ、ヤニス・クセナキスら二八名(うち四名は関係各省代表)が名を連ねている。どちらのメンバーも十八カ月後(「仮」でない「コレージュ」の発足時)には辞任することになっている。他に主として外国人から成る連絡会員(membre associé)十二名が予定されており、「コレージュ」のプログラムの決定等に発言・投票権が与えられている。

初の公開の催しは、去る十一月二十三日、パリ・デカルト街、旧理工科学校《ポリテクニック》(エコール・ポリテクニック）跡に置かれた「コレージュ」の本拠において行なわれた、中村雄二郎氏のフランス語による講演「場所の論理と共通感覚」La logique du lieu et le sensus communisであった。

なんら哲学専攻の徒ではない私が、「コレージュ」の連絡会員となることを結局引き受けたのは、デリダ氏からその野心的（であるだけに極めて困難と思われる）構想について聞かされると同時に積極的な協力を求められ、その意図し試みようとするところに共鳴を覚えたからにほかならない。

私のような外国人会員若干を含めた初の会議が十二月十四日に行なわれ、八四年一月から三月にかけてのプログラムが討議・決定された。九つの「セミネール」が並行的に行なわれることになっており、そのプログラムは多彩かつ魅力的である。私としては、今後「コレージュ」を、デリダ氏の言うように自分たちのものとして、利用してゆく方々のために多少とも橋渡しの役割が果たせれば、と思っている。

（訳・注＝豊崎光一）

監修者註

＊1　この箇所および八四頁、九四頁に読まれるように、《déconstruire》、《la déconstruction》の訳語として、豊崎は「構築解体する」、「構築解体」（ないし「解体構築する」、「解体構築」）を提案し、採用していた。このことは、一九八四年当時がいまだ、「脱構築」という訳語が完全に定着する以前の、デリダ受容史における過渡期であったことを示している。

＊2　Jacques Derrida, *La dissémination*, Éd. du Seuil, 1972.（ジャック・デリダ『散種』藤本一勇・立花史・郷原佳以訳、法政大学出版局、二〇一三年）。

＊3　Jacques Derrida, « Pas », in *Parages*, nouvelle édition revue et augmentée, Éd. Galilée, 2003.（ジャック・デリダ「パ」、『境域』若森栄樹訳、書肆心水、二〇一〇年、所収）。

＊4　豊崎光一『ファミリー・ロマンス――テクスト・コンテクスト・プレ（－）テクスト』、小沢書店、一九八八年、所収。

＊5　豊崎光一『他者と［しての］忘却――メタフォール メタモルフォーズ』、筑摩書房、一九八六年、所収。

＊6　in Jacques Derrida, *Psyché. Invention de l'autre*, t. I, nouvelle édition augmentée, Éd. Galilée, 1998.（ジャック・デリダ『プシュケー　他なるものの発明　I』藤本一勇訳、岩波書店、二〇一四年、所収）。

＊7　ジャック・デリダ『哲学における最近の黙示録的語調について』白井健三郎訳、朝日出版社、一九八四年、一三七頁。

＊8　同書、一四〇頁。

＊9　『他者の耳——デリダ「ニーチェの耳伝」・自伝・翻訳』Cl・レヴェック、C・V・マクドナルド編、浜名優美・庄田常勝訳、産業図書、一九八八年、一七八頁。

解説

哲学・翻訳・パフォーマティヴ——Living on borderlines.

守中高明

哲学の思考にとって翻訳という現象が何を意味し、かつ意味に還元されないどのような価値をもたらすか、そして哲学の思考においてパフォーマティヴな発話がどのような位置を占め、それが徹底化されるとき、いかなる射程をもたらすか——ジャック・デリダの思考を哲学史上稀なものにしているのは、そのエクリチュール実践におけるこの問いの排他的重要性であり、そこに託された未聞の賭札である。

西洋形而上学の伝統において支配的な思考——それは翻訳を語の意味ないし概念ないしシニフィエ〔記号内容〕の伝達と見なす思考である。この思考は実に深い歴史的根を持っており、それゆえに実に強い拘束力を今日でも持つ。実際、二つの、あるいは二つ以上の言語間でその体系の差異を超えて、一つの言葉の意味がそのまま運ばれ伝達され得るという考えは、われわれの一般的信憑であるだろう。英語の《bread》とフランス語の《pain》とドイツ語の《Brot》とイタリア語の《pane》という単語は、いずれも「〈パン〉」という意味ないし概念ないしシニフィエを指し示し、それらの言わんとするところは言語の媒質の差異を超えて同一である、というのが常識であり、この常識への信頼ぬきにはいかなる通訳も不可能だろう。事は日常的場面に限定されない。哲学というジャンルは、そもそもヘーゲルにしたがえば定義上概念の作業に存しており、その限りにおいて、それは狭義の翻訳可能性を前提としている。すなわち、意味の一義性を固定すること、多義性を制御することが可能であり、ある言語から別の言語への「意味論的内容の運搬」[1]が可能であることが哲学の大前提なのである。ある場所でデリダはつぎのように語っている——「哲学が存在するのはただ、そのような意味における翻訳が可能だとすればであり、したがって哲学のテーゼ——それは翻訳可能性、この通常の意味における翻訳可能性、すなわち、ある言語から別の言語への一つの意味、一つの真理値の本質的毀損なき運搬なのです」[2]、と。そして、このテーゼが「哲学の歴史の全体を通じて、プラトンからライプニッツを経てヘーゲルに至るまで、われわれが標定し得るであろういくつかの形態を取ってきた」[3]ことを確認したうえで、それゆえに「この意味における翻訳が挫折するいたるところで、挫折することになるのはまさに哲学なのです」(4)、とデリダは言う。

そうだとすれば、何よりもまずわれわれが確認しなければならないのは、デリダの実践してきたのがつねに反‐哲学としての翻訳であり、翻訳概念を独自の仕方で拡張することによって哲学を挑発し、根底から揺さぶり、哲学の学としての同一性を問題化することだったということである。真っ先に指摘し得るのが、プラトンを論ずるに際しての《pharmakon》、マラルメを論ずるに際しての《hymen》、ジョイスを論ずるに際しての《he war》といった翻訳不可能な語や文へのデリダによる分析の焦点化である。「プラトンの薬物学《パルマケイアー》」においてギリシア語の《pharmakon》の還元不可能な両義性についてデリダはつぎのように書く——「《pharmakon》という語のテクストの前景が、薬を意味しながらも、その同じ語のうちで、舞台の他の場そして他の深みにおいて、毒〔…〕をも引用し、暗‐唱し＝再‐引用し〔ré-citer〕、読むべく差し出しているとき、これらのフランス語のうちただ一つを翻訳者が選択することは、その第一の効果として、引用の戯れを、「アナグラム」を、究極的には端的に翻訳されるテクストのテクスト性を中性化＝無力化することになる」(5)。そのような翻訳は「プラトンのアナグラム的エクリチュールとわれわれが後に呼ぶつもりのものをとりわけ破壊(6)」してしまうのである。他方、マラルメにおける「婚姻」と「処女膜」という相反する二つの意味を同時に持つ《hymen》をめぐってデリダは、「程度の差はあれ体系的に操作された、同じ決定不可能性をそなえた統辞法的資源とともに」この語は「現れる(7)」と書いている──「《hymen》、すなわち「虚構の、純粋なる、中間」は、場を持つことのないさまざまな現前的行為のあいだにその身を保っている。行為、現在性、活動は現前性の価値と分かちがたい。場を持つのはただ、あいだ、場、何ものでもない間隔化〔espacement〕だけ、すなわち、観念の（無としての）理念性だけである。それゆえに、いかなる行為も遂行されてはおらず〔…〕、なにかある犯罪のように犯されてはいない。これは、かつて一度も犯されたことのない犯罪の記憶なのである。それはただたんに舞台上で現在時においてそれが目撃されなかったからだけでなく〔…〕、いかなる暴力も行使されなかったから〔…〕、そしてこの犯罪は犯罪の反対物、つまりは愛の行為だからである。ただし、この行為そのものもまた場を持ちはしなかった。遂行する〔perpétrer〕とは、「貫通する〔pénétrer〕」との計算された協和音がそれを確たるものとしているように、処女膜を、すなわち、かつて一度も踏み越えられたことのない閾を、しかし虚構上で、突き破ることである」[8]。マラルメにおけるこの《hymen》という語の意味の「決定不可能性」に関して、デリダは、それがゲーデルの数学基礎論における「決定不能命題」と類比的に語り得るものであることをはっきりと指摘している[9]。そしてさらに、ジョイスをめぐってはどうか。かの『フィネガンズ・ウェイク』、全篇がまさしくバベル的混乱と集積＝散逸状態にあるかの長大な作品から、デリダはたった二つの語からなる「文」を「摘出」してくる。すなわち《he war》である。この文はどう読まれ、あるいは聴き取られるべきか。英語として「彼‐戦争」か、それとも英語＋ドイツ語として「彼‐はあった」か。否、どちらの翻訳も元の文の企図する「バベル的混乱」を「消滅」させてしまうとデリダは言う――「少なくとも二つの言語からなるバベル的混乱を翻訳すること――それが要請するであろうのは、たんに *he war* という単一用例《ハパックス》の意味論上および形式上の潜在的諸力のすべてを復元するだけでなく、その中にある諸言語の多数多様性、この出来事の交合、実際にその回数そのもの、その数多く律動的な本質、すなわち、ヘラクレイトスならばフランス語でそう言ったであろうような、自己において、自己から異なり、自己からの差延を含む一者をも復元する、そんな等価物である」[10]。したがって、この「出来事」を、このような

「差異の中の混淆」を、その効果を縮減することなく「それとして受け取る」ことは「耳」だけでも「眼」だけでもできはしない。そうではなく、それは「眼と耳のあいだの空間を要求する」[11]のだ。この不可能な、しかし必要不可欠な場——それこそが《he war》の属する翻訳空間なのである。

これらの論点からただちに言い得るのは、デリダにおける翻訳概念とベンヤミンにおけるそれとの深い類縁性、そして両者の重なりが生むいっそう根本的に反‐哲学的な翻訳概念、こう言ったほうがよければ脱構築の経験としての翻訳である。ベンヤミンはその古典的エッセー「翻訳者の使命」(一九二一年執筆/一九二三年発表)の中で、「多くの言語を一つの真の言語に積分するという壮大なモティーフが、翻訳者の仕事を満たしている」[12]と言い、「翻訳において純粋言語の種子を成熟させる」[13]ことが翻訳者の使命であると述べている。だが、ベンヤミンが「真の言語」と言い「純粋言語」と言うとき、そこに想定されているのは、諸言語の多数多様性を統合するような高次の普遍言語——などというものがあるとして——ではないし、ジョイスにおけるような「バベル的混乱」の総体を共約する純化された媒質としての言語——それは幻想においてしかあり得ない——でもない。事はまったく逆である。べンヤミンは翻訳に「意味の再現とは別のもの」を「求める」[14]のであり、「何かを伝達するという意図を、意味を、極度に度外視」するときにこそ翻訳は「本質的なものとなる」[15]と断言する。この常識外の断言を通して、ベンヤミンはいったい何を言わんとしているのか。それは、すべての翻訳の目的＝宛先は「言語の言語－存在」＝「言語が言語－であること〔l'être-langue de la langue〕」[16]を開示すること、それを約束することにある、ということだ。これは抽象的な思弁ではない。それを予感させ、それを約束することにある、それも、現前性の様態においてそうするのではなく、ベンヤミンの論理の中心を取り出せば、翻訳は「諸言語間の最も内的な関係」を「表現」することにその「合目的性」を持つ。しかし、「この隠れた関係そのもの」は、それを「はっきり現出させることも、作り出すこともできない」。翻訳にできるのはただ「この関係を萌芽的に、あるいは集約的に現実化することによって」それを「叙述すること」だけであり、「独自の収斂の関係」である「諸言語間のあの最も内的な関係」とは、「先取りし示唆する現実化」において「暗示」[17]することができるだけなのである。

錯綜するパラドクシカルな身ぶりでベンヤミンが指し示そうとしているのは、われわれが日常的言語活動においてはそれと意識することのない、しかし、それなしにはどんな言語活動も可能とはならない、ある前‐起源的な場面、そこにおいてこそ諸言語が「内的関係」において結び合い「独自の収斂」の運動において互いに互いを基礎づけ合う、そんな非‐現前性の場面である。そして繰り返せば、この場面はそれ「そのもの」を提示することはできず、ただそれとの出会いを予感させることができるだけ、その開示という出来事が起きることを前未来時制において約束することができるだけである。ベンヤミンは書いている――「翻訳においいて原作は、いわば言語のより高次でより純粋な気圏の中へ伸びてゆく〔…〕――いまだ拒まれているが、予定されている領域、諸言語が親和して充足し合う領域としての気圏」[18]と。

こうしてデリダ‐ベンヤミンにおける翻訳は、徹底的に反‐哲学的な本質をそなえた実践である。実際、意味論上の「決定不可能性」（デリダ）や「意味の再現とは別のもの」（ベンヤミン）を指し示し、刻印し、予感させるような言語活動を、どうして哲学が許容することができようか。

＊

ところで、哲学の思考にとっての挑発であり、大きな危険となるような別の言語活動、それも右に見たような意味での翻訳と分かちがたく、ある局面ではその効果において重なり合うような別の言語活動がある。パフォーマティヴがそれだ。言語学者J-L・オースティンに由来するこの概念は、デリダによる再-定義にしたがえば「パフォーマティヴは、みずからの外に、あるいはともかくみずから以前に、そしてみずからの面前にその指向対象を持たない」そんな発話であり、「それは言語活動の外に、また言語活動以前に現存する何かを記述するものではない」。そうではなく「それは、ある状況を産出ないし変形するのであり、操作するもの[19]」なのである。オースティンが挙げているのは、たとえば「命名」=「私はこの船をX号と命名する」や、「宣言」=「私はここに第三回X大会の開会を宣言する」や、「約束」=「私は明日ここに再び来ることを約束する」などである。これらの発話は、その発話に外在的な指向対象を持たず、その発話の外および以前に現存する何かを記述しているのでもなく、それ自体が一つの状況を産出する行為であるような発話である。一般に「行為遂行的言表」と訳される所以である。

だが、なぜそれが哲学を挑発し、危険に陥れるのか。それは哲学における言語活動が一般的かつ原理的に概念を記述するものであり、すでに思考された内容を表現するもの、すなわち、パフォーマティヴの対立概念である「コンスタティヴ＝事実確認的言表」によって組み立てられるものだからである。コンスタティヴは、コミュニケーションの観点からするとき、「古典的な「確言」」であり、それは「たいていの場合、事実の真偽の「記述」と解された」ものである。ところが、「一つの操作であり、一つの効果の産出である」パフォーマティヴ――「仮にそのような何かがまったき厳密性においてかつまったき純粋性において現存するとすればの話だが」とデリダはオースティン自身の定義の複雑さを踏まえて留保をつけている――の場合、「伝達《コミュニケート》すること」は「ある刻印の衝迫によって一つの力を伝達すること」であるだろう。つまり「オースティンは」――とデリダは続ける――「パフォーマティヴの分析を、真理という価値の権威から、少なくともその古典的形式のもとでの真／偽の対立措定から逃れさせ、時としてそれに置き換えるに力という価値、力の差異という価値〔…〕をもってしなければならなかった」[20]のである（そして、これが「いささかもニーチェ的でないこの思考における、ニーチェへ向けて合図を送っていると私には映る点である」[21]とデリダは付言するのを忘れない）。要するに、「真理という照準（存在するもののその存在における開示＝アレーテイア〔*dévoilement*〕、あるいは判断言表と物自体との合致＝アデクワチオ〔*adéquation*〕）によってすでに構成され監視された一つの意味論的内容を運搬すること[22]」に存する哲学の言語活動の範疇に、パフォーマティヴは限定されず、むしろそれを能動的に超え出てしまうのだ。

「真理という価値」から「力の差異という価値」への転換を可能にし、「古典的形式のもとでの真／偽の対立措定」を逸脱する場面を開くパフォーマティヴ――したがって、もし哲学がそのような言語活動を組織的に組み立てることを通してみずからを示すことになれば、そのとき哲学はすでにその名を刷新することになるだろう。そしてまさしくそれこそが、ある時期以降、デリダが引き受け、大胆かつ積極的に展開した戦略なのである。

その最大の実験が、かの『弔鐘』（一九七四年[23]）であることはあらためるまでもないだろう。精確に正方形をした大判のページのそれぞれの左側にヘーゲルを論ずる欄《コロンヌ》＝柱を、右側にジュネを論ずる欄＝柱を走らせつつ、その欄＝柱の途中の随所に「ジュダ」と呼ばれる「覗き窓」を穿って別の音域の記述をも挿入するそのテクストは、原理的に一義的な意味を持たない。そこでは「ヘーゲル」と「ジュネ」がランダムにかつ深い必然性を帯びて互いに呼応し合い、互いを照射し合うがために、読み手であるわれわれは——抜きがたく線状の視線の運動しかできないわれわれは——、ページを辿り、行きつ戻りつしながら、一瞬ごとに読み方を発明しなければならない。したがって、仮に主たる論旨なるものが部分的に抽出できたとしても、それをつねに相対化し流動化する別の、それも定義上無限に複数化する論理がそこには読まれることになる。このテクストは、最初から最後まで——という表現はあくまで便宜上のものである、このテクストの一行目は小文字で始まり、かつ最終行は途中で断ち切られているのだから——まさしく「ある状況を産出ないし変形」するオペレーションであり、そこではいかなる意味でも「真理という価値」を「確言」することは問題となっていないのである。

『弔鐘』が、デリダ自身がそれ以後それより先へ行ったことのない極限的にパフォーマティヴなテクスト装置であるとしても、それは、その後のデリダがこの言語活動を抑制したことをなんら意味しない。たとえば、死の前年まで続けられたデリダの最後のセミネール『獣と主権者』(二〇〇一—二〇〇二年度/二〇〇二—二〇〇三年度)はどうか。デリダはこのセミネールを《La... le.》というそれ自体としてはまったく意味を欠いており、ただわずかに性的差異を刻印する二つの定冠詞だけをいきなり投げ出すことから始めている。これがすぐれてデリダ的な身ぶりであることは論を俟たない。ここでもまたわれわれは、〈始まり－終わり〉という目的論的に組織された時間、とりわけ〈終わりに媒介された始まり〉というヘーゲル的弁証法による時間の組織化を脱臼させるのが、デリダのほとんどすべての書物、テクスト、エクリチュールの本質特徴であることを確認することになる。デリダは続く二行目から三行目で、予告してあった「今年度のセミネールのタイトル」を想起するよう、聴衆に促す――「私は今年度のセミネールのために提出してあったタイトルを想起してもらいます――「獣と主権者〔la bête et le souverain〕」。La, le. です」[24]。予告してあったタイトルを思い出させると言いながらあらためてタイトルを告げること――これは、このタイトルが「現在」には属さないこと、少なくとも「現在」という時間には充分に適合せず、事の初めから、反復されたものとして差し出されているということを意味する。そのような時間錯誤の場を開いたうえで、つぎにデリダは「私は当然ながらそれを、このタイトルを、正当化することを試みるつもりです、道を行きながら、それも、何と言えばよいでしょう、一歩一歩、おそらくは忍び足で＝狼の歩みで〔à pas de loup〕」[25]と言う。ここにすでに「正当化」という言語行為が、そして慣用表現の下に「狼」というこのセミネールの最も重要な形象への言及があることも見逃すわけにはいかない。この冒頭の数行だけで、パフォーマティヴがこのセミネールを牽引する言語態であり、最も重要なキー・コンセプトの一つであることが読み取れるのである。

しかし、このことが誰の目にも明らかとなるのは、二ページ目の中ほどにおいてである。「〔…〕すでにタイトルからして、ある特定の言語で、すなわちフランス語で、二つの性が一つの舞台を形づくっています。／どんな舞台でしょうか？　「われわれはすぐにそのことを示そう。」（板書）／／忍び足で＝狼の歩みで。想像してみてください、こんなふうに、忍び足で＝狼の歩みで始まるセミネールを。「われわれはすぐにそのことを示そう。」何を？　いったい何をわれわれはすぐに示すのでしょうか？　いいでしょう、「われわれはすぐにそのことを示そう」」。[26]　ここではいったい何が起きているのか。「板書」において無言のうちに一つの言表を示し、ついでその同じ言表で「始まるセミネール」を「想像してみ」ることを要請する——それも、その「始まり」を実際に目の前にいる聴衆を相手に実行しながら、しかも引用符で囲まれた問題の言表をさらにもう一度引用符に入れて発話しながら（ちなみに、中心的なフレーズを「板書」して無言のうちに示すという身ぶりは、言うまでもなく、かつてデリダが「二重の会」でマラルメの「黙劇《ミミック》」を論じたときと同じ身ぶりである[27]。

　こうしたことはあまりに微小な細部であり、このようなくだりに過度にこだわるべきではないかも知れぬ。しかし、今しも指摘した言表の様態は、実のところ、このセミネールの主題である「主権者」の存立様態そのもの、すなわち「自己の自権性〔*l'ipséité de l'ipse*〕」に関わっているのである。

　デリダは「主権者」の定義を徐々に厳密化していく――まず「主権者がおよそ最もしばしば王、主人、首長、家父、あるいは夫――自己の自権性という男性的形象において姿を現わしてきた[28]」ことを確認した後、デリダはつぎのように論を進める――「バンヴェニストは、自権性の価値、*ipse*、「自己自身」、「彼（おのれ）自身」を〔何かについて権力を有することを意味する *poti*、サンスクリット語の *patyate*、ラテン語の *potior* と〕同じ系列に書き込んでいました。あたかも権力が、同一者、ある彼自身、自己自身として最初に指示され得る者に、あるいは最初にみずからをそう指示し得るものに対してまずは認められるかのように[29]」――「主権の概念はつねに、*ipse* を、同一者を、自己自身を措定する者、あるいは *ipse* として、同者として、自己自身としてみずからを措定する者のこのような措定性、このような定立、このような自己定立、このような自己措定の可能性を含むことになるでしょう」[30]。だが、われわれが注目すべきなのは、これらの定義をしたうえで、デリダがこの定義そのものを遂行的に実演＝《perform》して見せている場面、それも、みずからがこの場における「主権者」として振舞いつつそのことを「証明」しているくだりである。そこではデリダは「最強者の理性はつねに最良のものである」という「乱暴なまでに同語反復的な命題」をめぐってつぎのように語っている——「ラ・フォンテーヌとともに、いったい何をわれわれは示そうとするのでしょうか？　そう、「最強者の理性はつねに最良のものである」ということをです。最強者の理性はつねに最良のものである以上、私は最強者の理性によってみずからを権威づけますが（私がここにいるということ、この状況によって、この他者‐および自己による措定によって）、それは最強者の理性はつねに最良のものであることを私が示し、あるいは証明する瞬間を遅延させるためなのです。しかし、実際には、私はそのことをすでに証明しました、私はすでに事実上証明したのです——遅延させるという、遅延させるべくみずからを権威づけるという事実そのものによって。私はすでに、権利に対する事実のこの優位性の証明を済ませたのです。私の証明は、いわばそう呼ばれる以前のパフォーマティヴなものであり、法的で合理的で哲学的である以前に語用論的なものなのです。私は動きそのものによって示します、そうしながら、歩き回りながら、自分が語っている出来事を、あるいは自分が語るつもりであることを告知する出来事を産み出しながら、私は力が権利に勝り権利を限定するということを証明します。〔…〕最強者の理性はまさにここで作用しているのです、私がそれを問い質すと主張し、それどころかそれを疑義に付し、あるいはただたんにその証明を遅延させると主張するまさにその瞬間に。証明はすでに起きたのです、約束そのものにおいて、差延において、証明を遅延させる行為において[31]」。

こうして、われわれはデリダがその最終年度のセミネールに至るまで、パフォーマティヴィティを徹底的に実践したことを確認することができる。デリダの哲学的テクストおよび言説は、「真理の価値」を「確言」する言語活動ではいささかもない。それはつねに「真／偽」の対立措定から逃れ去り、力を、諸力の差異を刻印しつつ展開されるすぐれてニーチェ的意味での演技＝戯れ〔jeu〕であり、シミュラクルとしての哲学の言語なのである。

＊

こうしたすべて、すなわち、意味の伝達‐再現から手を切った翻訳、翻訳不可能な語とその決定不可能性の刻印、真理（アレーテイアおよびアデクワチオ）によって構成された意味内容の伝達‐運搬に還元されないパフォーマティヴ、それを通した諸力の差異の価値の肯定——こうしたすべてが、ジャック・デリダと豊崎光一の二度にわたる対話の余白にすでに十全に書き込まれており、つねに無言のうちに断言され正確に分有されているということ——それはあらためるまでもない。実際、本書に収められた二つの対話において問われ、問い直され、応答され、再応答されているのは、こうしたすべてを前提として展開される、はるかに複雑かつ精緻、そして高い強度をはらんだ問題系ばかりである。

たとえば、翻訳諸現象へのデリダの関心の由来についての「自伝的告白」がある。そこでは植民地時代のアルジェリアに生を受けたスペイン系ユダヤ人であるデリダに特有の言語環境が語られている。フランスの植民地政策の一つとして「クレミュー法」によりフランス市民権を与えられることで、デリダは、ほぼ完全にフランス化された社会‐言語環境で育ち、その文化はキリスト教的‐ラテン的なものですらあった。その結果、デリダは「土着」のアラブ人あるいはベルベル人の言語‐文化から切り離される一方、ユダヤの伝統的文化とその言語からも疎遠となった。だがそれでいて、この植民地フランス人にとっての唯一の言語、母語たるフランス語は、遠く地中海を隔てた「本国」の言語であり、自然な同一化の対象とはなり得なかった。すなわち、デリダは言語に関して「三重の分離」の感覚を生きねばならなかったのであり、そのことは深刻な「アイデンティティ・トラブル」を惹き起こすに充分であった。こうした事情を本書でデリダは、自分は「単一国語使用（monolinguisme）ではありますが、それも、自分が完全には生来のものと見做すことのできない一国語の中では居心地のよくなかった単一国語使用です」（一五頁）と述べている。ここで告白されたこの原体験は、後にデリダに『他者の単一言語使用――あるいは起源の補綴』（一九九六年[32]）を書かせることになる。その著書でデリダは、この原体験を「私は一つしか言語を持っていない。ところがそれは私のものではない。」というテーゼに結晶させ、かつそこから、出発点の言語も到達点の言語もなく、いかなる自己固有化の可能性もない言語的追放としての「絶対的翻訳」という、人を不安ならしめる、しかしそれゆえにこそきわめて鋭い批判力を持つ概念を練成するに至った。「ですから、エクリチュールとは意味の一個の変容であり、そのかぎりにおいて、一個の国語であると信じられているものの内部で、すでに一個の翻訳なんですよ」（一七頁）——そうもデリダは語っている。

あるいは、ミメシスとパフォーマティヴの関係についての省察の交換がある。豊崎の側から「あなたのエクリチュールをそれと示し、それに署名を与えているのは、そのエクリチュールがそれの叙述する対象および情況をパフォームしていることです」（七八頁）と語りかけられ、最終的にその語りが「パフォームすること、この一種の自己言及は、〔…〕一個の法、言語活動の法そのものであるのか」（八〇頁）という核心的な問いへと集約されるのを受けて、デリダはある熱を込めて応答している。デリダは、「ミメシスとパフォーマティヴというモティーフの通底化」を「かつて実践したことはありませんでした」と言ったうえで、その「かなり謎めいた」関係の本質を「反復としてのミメシス」「原初のミメシス」という場面へと結びつけ、そこではつねに「一と考えられているものの二への分割」（九二頁）が起きるのだ、と言う。そして「ミメシス的パフォーマティヴ」の効果とは、「自己同一性、客体の同一性、主体の同一性、相手〔＝宛名人〕の、照合対象〔指示物〕の同一性が怪しくなる……不安定ないし決定不可能になる」（九四頁）ことであると言い、さらにデリダは「このミメシス的パフォーマティヴィティとでも言うべきものが構築解体〔＝脱構築――監修者註〕の戦略の〔…〕一つの肝心要の仕種である」（同前）と明言する。そして豊崎の側から「自己参照＝言及的パフォーマティヴが〔…〕言語活動一般にとって絶対に不可避的な一つの法則〔＝掟〕であるのか」という問いが再度発せられるや、そこでもデリダは「潜在的には、それはあらゆる言語活動の一つの法則です、あらゆる言語活動はそのような構造をそなえているので、いつでもそうしたことは起り得る〔…〕――望むと望まざるとにかかわらずね」と断言する。そしてこう付言する――「この潜在可能性」が「或る種の歴史的、理論的状況において」「より組織的な仕方で開発され得るということは真実です」（九六頁）、と。ここにはわれわれが経由してきた、そして今なお経由しつつある哲学をめぐる状況についての、貴重な証言があると言えるだろう。

さらにあるいは……。

いや、こうした鋭利な論点の数々を粗雑に整理することをこれ以上続けることは無用だろう。全体が精神分析との深い関連性において書かれた『絵葉書』（一九八〇年）における誘惑の問い、いかなる神秘主義とも無縁な、しかしデリダのエクリチュールを組織するコンスタントな基準としての数の問い（三、四、七、そして二）、「trace〔痕跡〕の一般的空間」におけるエクリチュールとイマージュの交感＝交通（communication）の問い……。それらはすべて今日なお、否、今日こそ新たに思考され、再考されるべき問題系である。

だが、繰り返せば「要点の整理」ほど、ジャック・デリダと豊崎光一の対話にふさわしからぬものはない。デリダのエクリチュールの全運動はつねに、概念化への、図式化への、要約への還元に対する抵抗としてあったのだし、豊崎においても事はまったく同様である。「神の記憶を持つラディカルな無神論」を重視していたデリダと筋金入りのニーチェ主義者であった豊崎の二人は、しかし他方で「神は細部に宿る」という箴言の信奉者でもあった。それゆえに——

——それゆえにここでは、一つの引用を刻みつけるにとどめよう。最後に、ではなく、最後を、終わりを、永遠に繰り延べるために。これは二人がともに愛した言葉、二人が翻訳し合い、署名し合い、互いに送り合った言葉である——

人は決して自分自身の言語で書くのでもなければ、外国語で書くのでもない。そこからあらゆる帰結を引き出すこと。それらの帰結は今しがたの文の要素の一つひとつ、言葉の一つひとつに関わっている。そこから勝利がもたらされるのだ——必然的に二重で両義的な勝利が。なぜならそれはまた喪の一つの位相でもあるからである。*Übersetzung* と *translation* は、両義的な仕方で、両義的な闘いのさなかで対象喪失を克服する。テクストはどれも、それが生き‐延びる〔sur-vit〕かぎりにおいてしか生きられないし、テクストが生き‐延びるのはただ、それが翻訳可能であると同時に翻訳不可能であるときのみである〔…〕。全面的に翻訳可能ならば、テクストとして、エクリチュールとして、言語の身体として、それは消滅してしまう。全面的に翻訳不可能ならば、一つの言語であると信じられているものの内部においてさえ、それはただちに死んでしまう。勝利を収めた翻訳とはしたがって、テクストの生でも死でもなく、ただ、あるいはすでに、その生き延び〔survie〕である。同じことは、私がエクリチュール、刻印、痕跡等と呼ぶものについても言えるだろう。それは生きているのでも死んでいくのでもない、それは生き延びていくのだ。そして、それが「始まる」のはただ、生き延びによってのみである。[33]

(二〇一六年六月一二日)

註

(1) Textes et débats avec Jacques Derrida, *L'oreille de l'autre : otobiographies, transferts, traductions*, sous la direction de Claude Lévesque et Christie V. McDonald, VLB éditeur, 1982, p. 159.(『他者の耳——デリダ「ニーチェの耳伝」・自伝・翻訳——』Cl・レヴェック、C・V・マクドナルド編、浜名優美・庄田常勝訳、産業図書、一九八八年、二〇六頁。ただし訳文は筆者による。以下同様)。

(2) *ibid.*(同右)。

(3) *ibid.*(同右)。

(4) *ibid.*, pp. 159–160.(同右)。

(5) Jacques Derrida, « La pharmachie de Platon », in *La dissémination*, Éd. du Seuil, 1972, p. 111.(ジャック・デリダ「プラトンのパルマケイアー」藤本一勇訳、『散種』所収、法政大学出版局、二〇一三年、一五二頁)。強調原文。

(6) *ibid.*(同右)。

(7) Jacques Derrida, « La double séance », in *La dissémination, op. cit.*, p. 241.(ジャック・デリダ「二重の会」立花史訳、『散種』所収、前掲書、三四一頁)。

（8） *ibid.*, pp. 214-242.（同書、三四一―三四二頁）。

（9） *ibid.*, pp. 248-249.（同書、三四八―三四九頁）。

（10） Jacques Derrida, « Deux mots pour Joyce », in *Ulysse gramophone — Deux mots pour Joyce*, Éd. Galilée, 1987, p. 45.（ジャック・デリダ「ジョイスに寄せるふたこと」合田正人・中真生訳、『ユリシーズ・グラモフォン――ジョイスに寄せるふたこと』所収、法政大学出版局、二〇〇一年、四八頁）。

（11） *ibid.*, p. 47.（同書、五〇頁）。強調原文。

（12） ヴァルター・ベンヤミン「翻訳者の課題」、『暴力批判論　他十篇』野村修編訳、岩波文庫、一九九四年、八二頁。

（13） 同書、八四頁。

（14） 同右。

（15） 同書、八五頁。

（16） Textes et débats avec Jacques Derrida, *L'oreille de l'autre : otobiographies, transferts, traductions*, *op. cit.*, p. 164.（『他者の耳――デリダ「ニーチェの耳伝」・自伝・翻訳――』前掲書、二一二頁）。

（17） ヴァルター・ベンヤミン「翻訳者の課題」前掲書、七四―七五頁。

（18） 同書、七九―八〇頁。ここにはデリダが言うように、「翻訳のメシア的性格」がたしかに読まれるだろう。だが、だからと言ってベンヤミンの翻訳理論がユダヤ的思考に還元されるとは、われわれは考えない。むしろ、ベンヤミンの翻訳理論の可能性は、それがその外見に反して言語の留保なき唯物論的次元を拓く点にこそある。

（19） Jacques Derrida, « Signature,événement, contexte », in *Marges — de la philosophie*, Éd. de Minuit, 1972, p. 382. ; in *Limited Inc.*, Éd. Galilée, 1990, p. 37.（ジャック・デリダ「署名　出来事　コンテクスト」、『哲学の余白（下）』所収、藤本一勇訳、法政大学出版局、二〇〇八年、二五二頁／ジャック・デリダ「署名 出来事 コンテクスト」宮﨑裕助訳、『有限責任会社』所収、高橋哲哉・増田一夫・宮﨑裕助訳、法政大学出版局、二〇〇二年、三四頁）。

（20） *ibid.*, pp. 382-383. ; *ibid.*, pp. 36-38.（同書、二五一―二五三頁／同書、三四―三五頁）。

（21） *ibid.*, p. 383. ; *ibid.*, p. 38.（同書、二五三頁／同書、三五頁）。

（22） *ibid.* ; *ibid.*（同書、二五三頁／同書、三五―三六頁）。

（23） Jacques Derrida, *Glas*, Éd. Galilée, 1974.（ジャック・デリダ『弔鐘』鵜飼哲訳、「批評空間」第Ⅱ期第一五号〔太田出版、一九九七年〕―第Ⅲ期四号〔批評空間、二〇〇二年〕に分載、未完）。

（24） Jacques Derrida, *Séminaire La bête et le souverain, Volume I (2001-2002)*, Éd. Galilée, 2008, p. 19.（ジャック・デリダ『獣と主権者　Ⅰ』西山雄二・郷原佳以・亀井大輔・佐藤朋子訳、白水社、二〇一四年、一五頁）。

（25） *ibid.*（同右）。

（26） *ibid.*, p. 20.（同書、一五―一六頁）。強調原文。

（27） Jacques Derrida, « La double séance », in *La dissémination, op. cit.*, pp. 202-209.（ジャック・デリダ「二重の会」前掲書、二八〇―二九一頁）。

（28） Jacques Derrida, *Séminaire La bête et le souverain, Volume I (2001-2002)*, p. 101.（ジャック・デリダ『獣と主権者　Ⅰ』前掲書、八四頁）。強調原文。

（29） *ibid.*, pp. 101-102.（同書、八五頁）。強調原文。

（30） *ibid.*, p. 102.（同書、八六頁）。強調原文。

（31） *ibid.*, pp. 117-118.（同書、九八—九九頁）。

（32） Jacques Derrida, *Le monolinguisme de l'autre — ou la prothèse d'origine*, Éd. Galilée, 1996.（ジャック・デリダ『たった一つの、私のものではない言葉——他者の単一言語使用』守中高明訳、岩波書店、二〇〇一年）。

（33） Jacques Derrida, JOURNAL DE BORD, in *Parages*, Éd. Galilée, 1986, pp. 146-149 / Nouvelle édition revue et augmentée, 2003, pp. 137-139.（ジャック・デリダ「航海日誌」、『境域』所収、若森英樹訳、書肆心水、二〇一〇年、二一三—二一七頁）。

監修者あとがき

ここに上梓する『翻訳そして／あるいはパフォーマティヴ——脱構築をめぐる対話』は、ジャック・デリダ（一九三〇—二〇〇四）と豊崎光一（一九三五—一九八九）のあいだで行なわれた二回の対談をまとめたものである。

本書はもともと、豊崎が遅くとも一九八七年、哲学書房の社主であった中野幹隆氏とともに企画したものであった。文芸誌「海」（中央公論社）一九八一年三月号と一九八四年二月号に掲載されたものに、その後行なわれた第三回目の未発表の対談を加えて『デリダとの対話』と題する一冊を編むというのが当初の計画であった（哲学書房の既刊一覧と刊行予定を併せたカタログ〔一九八七年二月〕に、このタイトルの本が明記されている）。

しかし、一九八八年秋に豊崎が病に倒れ、翌年六月一二日に他界したため、この本は実現されずに終わるかに思われた。だが、中野幹隆氏はこの企画を諦めることなく、第三回目の録音テープを引き取り、しかるべき研究者の手で翻訳したうえで、あらためて一冊を世に問うつもりであった。ところが作業が遅れるうちに、中野氏自身が健康を害われ、約三年間に及ぶ闘病生活の後、二〇〇七年一月に逝去される事態となった。すでにそれに先立つ二〇〇四年一〇月九日にはジャック・デリダその人が亡くなっており、この時点で、この企画はその当事者全員を喪うという不幸に陥り、永久に実現不可能となったと思われた。

ところが、二〇一四年、すなわちデリダ没後一〇年の大きな節目に、大規模な記念シンポジウムの開催や、多数の書籍や雑誌特集の刊行など、デリダ研究をめぐる状況が活発化した。そのような状況の中で、この対談の書籍化の提案が、ある出版社から豊崎光一の著作権継承者である守中章子のもとにあった。諸般の事情でその提案は見送られたが、それを一つの契機として、著作権継承者はこの対談を刊行し、将来のデリダ研究にいささかなりとも寄与することがみずからの責務であると考えるに至った。監修者に出版可能性について相談があったのは、同年春である。

こうした経緯を踏まえて、デリダ研究に携わる一人であり、かつ豊崎のもとで学生時代に学んだ一人として、監修者もまたこの本を刊行する意義を強く意識するようになり、友人である法政大学出版局の前田晃一さんに事情をご説明した。前田さんはただちにこの提案を検討してくださり、企画会議を経て、最終的に同出版局から本書が刊行されることとなった。同年六月のことである。

この間、ご協力を仰いだ少なからぬ方々にこの場を借りて御礼を申し上げたい。

哲学書房の中野容子氏に。中野幹隆氏亡きあと、その遺志を継いで哲学書房を実質的におひとりで経営管理されてきた容子氏は、第三回目の対談（それが行なわれたことは、第二回目の対談の冒頭と結びの発言から確かであると推測され、事実、著作権継承者はそのことを記憶している）の録音テープを入手したいという私たちの希望を受けて、文字どおり八方手を尽くしてそのテープを探してくださった。しかし、テープはついに見出されなかった。きわめて残念なことではあったが、監修者たちは、当初の企画の当事者全員が故人となったおよそ四半世紀にもおよぶ時の経過の中で起きた不可抗力によるものと考え、その喪失をいたずらに嘆くことはしなかった。ここにあらためて中野容子氏の多大なご尽力に感謝する次第である。

マルグリット・デリダ夫人（Madame Marguerite Derrida）は、監修者がこの企画についてご説明し出版許可をお願いするメールを差し上げたところ、即座に快諾のご返事をくださった。まったく未知の日本人からの唐突なお願いであるにもかかわらず、迅速に対応してくださったデリダ夫人のご理解とご厚意に心より御礼を申し上げる。

鵜飼哲さんは、監修者がこの企画についてデリダ夫人とコンタクトを取りたいとお伝えすると、連絡先をすぐに教えてくださった。デリダが最も信頼を寄せた日本人研究者の一人であり、デリダ研究の現在を強力に牽引し続けている鵜飼さんのご助力がなければ、これほど円滑なコミュニケーションは不可能だっただろう。深い敬意と感謝の意を表させていただく。

前田晃一さんにはどのように御礼の気持ちを届ければよいだろう。前田さんは、右に記した経緯と監修者の意を正確に酌んでくださり、今日この対談を刊行する企図を分かち合う一種の「同志」として、本書を仕上げてくださった。

そしてジャック・デリダ、豊崎光一の二人にもまた。亡きこの二人の思考に触れなければ、監修者の生は、まったく別のものになっていただろう。哲学そして文学の営みが人間の生死に関わるものであること、そのかぎりでしか意味を持たないことを今、強く感じている。

守中高明

二〇一六年六月一四日、パリ

著者

ジャック・デリダ (Jacques Derrida)

1930–2004年。アルジェリア生まれ。パリの高等師範学校で哲学を専攻。同校の哲学教授を経て、社会科学高等研究院教授。1983年に設立された国際哲学コレージュでは初代議長を務めた。著書に、『エクリチュールと差異』、『散種』、『絵画における真理』、『法の力』、『他者の言語：デリダの日本講演』、『アーカイヴの病：フロイトの印象』、『シニェポンジュ』、『哲学の余白』、『有限責任会社』、『ユリシーズ グラモフォン：ジョイスに寄せるふたこと』(以上、法政大学出版局)、『アポリア：死す「真理の諸限界」を［で／相］待－期する』(人文書院)、『他の岬：ヨーロッパと民主主義』、『生きることを学ぶ、終に』(以上、みすず書房)、『ポジシオン』(青土社)、『動物を追う、ゆえに私は(動物で)ある』(筑摩書房) などがある。

豊崎光一 (とよさき・こういち)【訳者】

1935–1989年。東京生まれ。学習院大学文学部教授。国際哲学コレージュでは連絡会員を務め、デリダはその死を悼み、著書『アポリア』を捧げた。著書に、『余白とその余白または幹のない接木』(小沢書店、1974)、『砂の顔』(小沢書店、1975)、『他者と［しての］忘却：メタフォール メタモルフォーズ』(筑摩書房、1986)、『文手箱』(書肆 風の薔薇、1986)、『ファミリー・ロマンス：テクスト・コンテクスト・プレ(–)テクスト』(小沢書店、1988) などがあり、訳書に、個人訳『ロートレアモン伯爵 イジドール・デュカス全集』(白水社、1989)、ブランショ『最後の人／期待 忘却』(白水社、1971)、フーコー『レーモン・ルーセル』(法政大学出版局、1975)、ドゥルーズ＝ガタリ『千のプラトー：資本主義と分裂症』(共訳、河出文庫、2010)、ル・クレジオ『物質的恍惚』(岩波文庫、2010) などがある。

監修

守中高明 (もりなか・たかあき)

1960年東京生まれ。早稲田大学法学学術院教授。詩人。著書に『脱構築』(岩波書店、1990)、『存在と灰：ツェラン、そしてデリダ以降』(人文書院、2004)、『法』(岩波書店、2005)、『終わりなきパッション：デリダ、ブランショ、ドゥルーズ』(未來社、2012)、詩集に『守中高明詩集』(思潮社、現代詩文庫、1999)、『系族』(同、2009) などがあり、訳書に、デリダ『シボレート：パウル・ツェランのために』(共訳、岩波書店、1990)、『たった一つの、私のものではない言葉：他者の単一言語使用』(岩波書店、2001)、『コーラ：プラトンの場』(未來社、2004)、『精神分析の抵抗』(共訳、青土社、2007)、『赦すこと：赦し得ぬものと時効にかかり得ぬもの』(未來社、2015)、ブランショ『他処からやって来た声：デ・フォレ、シャール、ツェラン、フーコー』(以文社、2013年) などがある。

《叢書・ウニベルシタス　1048》
翻訳そして／あるいはパフォーマティヴ
脱構築をめぐる対話

2016年9月30日　初版第1刷発行

ジャック・デリダ 著／豊崎光一 著・訳
守中高明 監修
発行所　一般財団法人　法政大学出版局
〒102-0071 東京都千代田区富士見 2-17-1
電話03(5214)5540 振替00160-6-95814
組版：HUP　印刷：ディグテクノプリント　製本：積信堂

Printed in Japan

ISBN978-4-588-01048-4